ELISANNA & FYNN

Meine Tasche

12 Taschen
24 Styles

To live a creative life we must lose our fear of being wrong

JOSEPH CHILTON PEARCE

Inhalt

13

25

37

49

57

69

8 Wie verwenden Sie dieses Buch?

10 Tipps & Tricks rund um Stoffe und Einlagen

13 **Rosalie**
16 WAS BRAUCHEN SIE?
18 VORBEREITUNG
20 NÄHEN

25 **Pauline**
28 WAS BRAUCHEN SIE?
30 VORBEREITUNG
32 NÄHEN

37 **Alice**
40 WAS BRAUCHEN SIE?
42 VORBEREITUNG
44 NÄHEN

49 **Tilly**
52 WAS BRAUCHEN SIE?
53 VORBEREITUNG
54 NÄHEN

57 **Wiske**
60 WAS BRAUCHEN SIE?
62 VORBEREITUNG
64 NÄHEN

69 **Leonie**
72 WAS BRAUCHEN SIE?
73 VORBEREITUNG
74 NÄHEN

79 **Lena**
82 WAS BRAUCHEN SIE?
84 VORBEREITUNG
86 NÄHEN

91 **Augustine**
94 WAS BRAUCHEN SIE?
95 VORBEREITUNG
97 NÄHEN

101 **Josefine**
104 WAS BRAUCHEN SIE?
106 VORBEREITUNG
108 NÄHEN

 79

 91

 101

 115

 125

 135

115 **Celeste**
118 WAS BRAUCHEN SIE?
119 VORBEREITUNG
121 NÄHEN

125 **Ida**
128 WAS BRAUCHEN SIE?
129 VORBEREITUNG
130 NÄHEN

135 **Juliette**
138 WAS BRAUCHEN SIE?
140 VORBEREITUNG
142 NÄHEN

146 **Techniken**

150 **Innenfächer**

154 **Henkel**

160 **Verschlüsse**

Vorwort

Als wir uns im vergangenen Jahr kennenlernten, stellten wir schnell viele Gemeinsamkeiten fest. Wir sind beide groß gewachsen, haben beide einen kleinen Taugenichts mit Namen Lukas (mit ‚k'), wohnen in derselben Gemeinde nur einen Steinwurf voneinander entfernt (und das wussten wir vorher wirklich nicht!), tragen am liebsten Röcke, sind detailverliebt und pingelig-genau, haben im Nähen eine kreative Entspannungsmöglichkeit gefunden und vor allem... sind wir beide süchtig nach Taschen und nach dem Nähen von Taschen. Zusammen ein Buch zu schreiben, war also eine logische Folge unseres zufälligen Kennenlernens vor vielen Monaten.

Und um es einmal deutlich zu sagen: Keine von uns beiden hat eine professionelle Näh-Ausbildung. Alles, was wir wissen, lernten wir aus Anleitungen im Internet, über befreundete Blogger und einfach durch endloses Herumexperimentieren. Bei uns klappt leider auch nicht immer jedes Projekt, doch gerade durch Ausprobieren und Scheitern lernten wir immer wieder dazu. Mit diesem Buch möchten wir gerne unsere Leidenschaft und alles, was wir nebenbei lernten und aufschnappten, mit Ihnen teilen.

Sofie & Nathalie

elisanna.blogspot.be & fynnch.blogspot.be

Wie verwenden Sie dieses Buch?

In *Meine Tasche* stellen wir zwölf Taschenkonzepte vor. Jedes Konzept besteht aus einem Schnittmuster und einer Anleitung. Sie können also die Taschen mit dem selbst gewählten Stoff genau nachnähen. Anhand der vielen Tipps können Sie einzelne, individuelle Details ändern oder ergänzen. Aber auch, wer noch einen Schritt weiter gehen möchte, findet die richtige Inspiration in unserem Buch. Um Ihnen zu zeigen, dass Sie aus einem Schnittmuster so viel mehr machen können, zeigen wir Ihnen von jedem Konzept zwei Styles: I und II. Die zwei Styles können große oder auch nur ganz subtile Unterschiede aufweisen.

Ein Schnittmuster für eine Tasche zu zeichnen, ist nicht schwierig. Sie werden schon beim Durchblättern dieses Buchs Lust bekommen, sofort loszulegen. Darum geben wir Ihnen hier ein paar Tipps, damit Sie dieses Buch noch einfacher verwenden können:

- Jedes Kapitel beginnt mit **WAS BRAUCHEN SIE?** und mit der **VORBEREITUNG** für das Projekt. Wie viel Stoff brauchen Sie? Welche Knöpfe und Reißverschlüsse brauchen Sie und welche Teile müssen zugeschnitten werden? Auf dem Schnittmusterbogen finden Sie alle Teile, die aus den unterschiedlichen Stoffen zugeschnitten werden müssen. Die Anleitungen in den einzelnen Kapiteln beschreiben jeweils zwei Styles. Hier beschreiben wir auch, welche Teile mit Vlieseline verstärkt werden müssen. Weitere Varianten zu Verschlüssen, Henkeln und Innenfächern finden Sie unter den Tipps bei **EIGENE VARIANTEN** am Ende der einzelnen Kapitel oder in den Kapiteln **INNENFÄCHER**, **HENKEL** und **VERSCHLÜSSE** am Ende dieses Buchs.

- Die von uns angegebene Stoffmenge ist die Stoffmenge, die Sie benötigen, wenn die einzelnen Teile auf dem Schnittmusterbogen wie angegeben liegen (sofern nicht anders angegeben). Der benötigte Stoff ist für eine Stoffbreite von 110 cm berechnet. Wenn von einer Stoffbreite von 140 cm ausgegangen wird (meist bei ein-

farbigen Stoffen), ist dies angegeben. Alle Einlagen sind mit 90 cm berechnet. Die Drehrichtung der Schnittmusterteile kann hierbei variieren (und ist nicht explizit angegeben).

- Bitte aufpassen: Die angegebene Menge dient nur zur Orientierung. Bei bedruckten Stoffen kann es beispielsweise sein, dass Sie einzelne Schnittmusterteile um 90° drehen müssen. Wir empfehlen, das Schnittmuster zunächst auf Papier zu zeichnen, auszuschneiden und dann zu überlegen, welche Teile Sie aus dem Stoff zuschneiden müssen. Wenn Sie ganz sicher gehen möchten, legen Sie die Papierteile genau so auf dem Boden aus, wie Sie diese auf den Stoff legen werden. So können Sie genau sehen, wieviel Stoff Sie brauchen und erleben keine unangenehmen Überraschungen.
- Bei allen Schnittmustern ist die Nahtzugabe bereits enthalten. Übertragen Sie das Schnittmuster entlang der durchgehenden Linie und schneiden Sie es aus. Einige Schnittmusterteile sind nur zur Hälfte abgebildet. Sie müssen verdoppelt werden, indem sie über die gestrichelte Linie (= Stoffbruch) gespiegelt werden. Andere gestrichelte Linien auf dem Schnittmusterbogen sind Formnähte. Schneiden Sie diese Linien nicht auf. Für alle Anleitungen in diesem Buch gilt eine Nahtzugabe von 1 cm, sofern nicht anders angegeben. Reißverschlüsse werden mit einer Nahtzugabe von 0,75 cm eingenäht. Dies ist im Schnittmuster oder im Anleitungstext angegeben.
- Zu einigen Modellen gibt es nur ein einziges Schnittmuster, zu anderen zwei. Wenn für die verschiedenen Versionen eines Modells zwei Schnittmuster erforderlich sind, ist dies im Schnittmuster angegeben, z. B. Rosalie I und Rosalie II. So können Sie gut erkennen, welche Schnittmusterteile Sie für welche Ausführung benötigen.
- Am Ende des Buchs finden Sie das Kapitel TECHNIKEN (Seite 146). Hier sind alle speziellen Techniken beschrieben, die Sie zum Nähen der Taschen aus *Meine Tasche* benötigen, beispielsweise der Blindstich oder das Nähen mit Paspel- oder Schrägband. Die grundlegenden Nähtechniken sind in diesem Buch nicht erklärt.

Tipps & Tricks rund um Stoffe und Einlagen

Stoff

In diesem Buch verwenden wir fließende Baumwollstoffe, feste Leinenstoffe und Leder. Sie können auch andere Stoffe verwenden: Jeans, Kunstleder, Kordstoffe und Wachstuch.

WENIGER GUT GEEIGNET

Trikot/Jersey, Fleece, Nicky-Velours, Frottee...

Einlagen

Im Folgenden beschreiben wir nur jene Einlagen, die wir in diesem Buch auch verwenden. Wir arbeiten mit Einlagen zum Aufbügeln.

VLIESELINE H630

Diese dünne, wattierte Einlage lässt sich auf den Stoff aufbügeln. Wird verwendet, wenn eine Tasche verstärkt werden muss, gleichzeitig jedoch weich sein soll. Meist bei kleineren Taschen oder Clutches verwendet.

VLIESELINE H640

Ist etwas dicker als H630. Wird verwendet, wenn Sie die Tasche richtig hinstellen möchten und die Tasche ihre Form behalten soll. Nicht bei kleinen Clutches zu empfehlen.

DECOVIL LIGHT

Dies ist eine dünne, fast lederartige Einlage. Sie ist reißfest, nicht dehnbar und stabil. Wird verwendet, wenn eine Tasche eine „feste Außenseite" bekommen soll und ihre Form nicht verlieren darf. Auch zu empfehlen, wenn die Tasche genutzt werden soll, um viele Dinge zu tragen.

BÜGELVLIES

Dies ist eine dünne Vlieseline aus Baumwolle. Sie wird für dünne Baumwollstoffe verwendet. Durch das aufgebügelte Bügelvlies wird der dünne Stoff fester. Zusätzlich kann noch Vlieseline H630 oder H640 aufgebügelt werden.

Einlagen verarbeiten

ZUSCHNEIDEN
Vlieseline H630 und H640: Nach Schnittmuster zuschneiden, ringsum 0,5 cm kleiner.
Decovil light: Nach der Nahtlinie des Schnittmusters zuschneiden.
Bügelvlies: Nach Schnittmuster zuschneiden, also ebenso groß wie die einzelnen Stoffteile.

WIE AUFBÜGELN?
Vlieseline H630 und H640:
Die Verstärkung mit der Klebeseite auf die linke Stoffseite legen. Ein leicht angefeuchtetes Tuch darüberlegen und 10 bis 15 Sekunden gleichmäßig mit dem heißen Bügeleisen aufdrücken (🔥 🔥). Auf diese Weise die gesamte Fläche bügeln.

Decovil light:
Ebenso wie bei Vlieseline H630/H640 vorgehen, jedoch nur 6 Sekunden lang andrücken und das Bügeleisen auf Wolle (🔥) stellen.

Bügelvlies:
Die Verstärkung mit der Klebeseite auf die linke Stoffseite legen. 10 Sekunden lang gleichmäßig mit einem heißen Bügeleisen (🔥) darauf drucken. Auf diese Weise die gesamte Fläche bugeln.

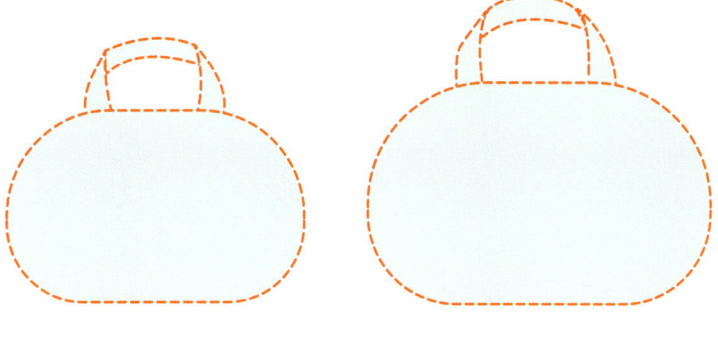

Rosalie

Inspiriert von einer alten Hutschachtel

Los geht's mit einem Weekender, der durch seine verspielte, runde Form auffällt.

Was brauchen Sie?

Rosalie I

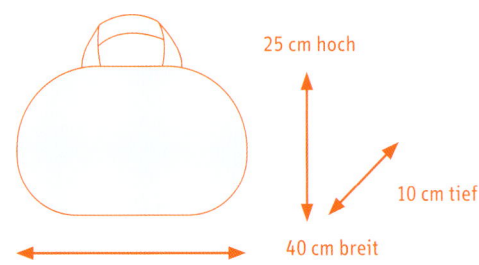

25 cm hoch
10 cm tief
40 cm breit

Rosalie II

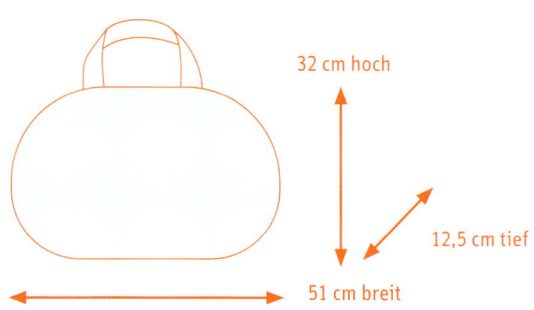

32 cm hoch
12,5 cm tief
51 cm breit

Rosalie I (blau)

STOFF UND VLIESELINE

- 45 cm Außenstoff, gemustert
- 20 cm einfarbiger Außenstoff*
- 45 cm Innenstoff[1]
- 48 cm Vlieseline H640

ZUBEHÖR

- Schrägband, 270 cm lang
- Reißverschluss, 40 cm lang
- farblich passendes Nähgarn

Wird der Henkel aus Gurtband genäht werden:
66 cm**
Wird Paspelband verwendet: 250 cm

Rosalie II (rot)

STOFF UND VLIESELINE

- 80 cm Außenstoff
- 60 cm Innenstoff
- 100 cm Vlieseline H640

ZUBEHÖR

- Schrägband, 340 cm lang
- Reißverschluss, 50 cm lang
- farblich passendes Nähgarn

Wird der Henkel aus Gurtband genäht: 76 cm**
Wird Paspelband verwendet: 300 cm

* Bei Rosalie I sind die Reißverschlussteile und die Henkel aus einem unifarbigen Stoff genäht, der zum gemusterten Außenstoff passt.
** Wenn Sie Gurtband verwenden, werden keine Henkel (Teile E) aus dem Stoff ausgeschnitten. Sie brauchen dann also etwas weniger Stoff.

[1] für 140 cm Stoffbreite geschätzt

Vorbereitung

Außenstoff

Innenstoff

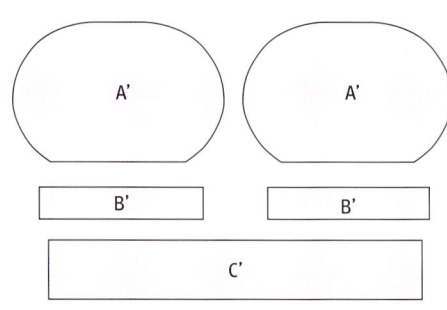

STOFF UND VERSTÄRKUNG NACH DEN SCHNITTMUSTERTEILEN AUF DEM SCHNITTMUSTERBOGEN ZUSCHNEIDEN
● (ROSA)

Rosalie I

- **Außenstoff**: 2x Teil A (Vorder-/Rückenteil), 1x Teil C (Seitenstreifen)
- **einfarbiger Außenstoff**: 2x Teil B (Reißverschlussstreifen)
- **Innenstoff**: 2x Teil A', 2x Teil B', 1x Teil C'
- **Vlieseline H640**: 2x Teil A nach Schnittmuster zuschneiden, ringsum 0,5 cm kleiner

Rosalie II

- **Außenstoff**: 2x Teil A (Vorder-/Rückenteil), 2x Teil B (Reißverschlussstreifen), 1x Teil C (Seitenstreifen)
- **Innenstoff**: 2x Teil A', 2x Teil B', 1x Teil C'
- **Vlieseline H640**: 2x Teil A nach Schnittmuster zuschneiden, ringsum 0,5 cm kleiner

STOFF UND VERSTÄRKUNG NACH DEN ANGEGEBENEN MASSEN ZUSCHNEIDEN (BREITE X HÖHE)

Rosalie I

- **Außenstoff**: 2x Teil D (Zuglaschen) = 10 cm x 5,5 cm (oder 2 jeweils 5,5 cm lange Stücke Gurtband)
- **einfarbiger Außenstoff**: 2x Teil E (Henkel) = 33 cm x 16 cm (wenn das Gurtband 2x 33 cm misst)
- **Vlieseline H640**: 2x Rechteck à 34,5 cm x 5,25 cm (Verstärkung Teile B), 1x Rechteck à 79 cm x 11 cm (Verstärkung Teil C)

Rosalie II

- **Außenstoff**: 2x Teil D (Zuglaschen) = 10 cm x 5,5 cm (oder 2x 5,5 cm langes Gurtband), 2x Teil E (Henkel) = 38 cm x 16 cm (wenn das Gurtband 2x 38 cm misst)
- **Vlieseline H640**: 2x Rechteck à 43 cm x 6,5 cm (Verstärkung Teile B), 1x Rechteck à 98,4 cm x 13,5 cm (Verstärkung Teil C)

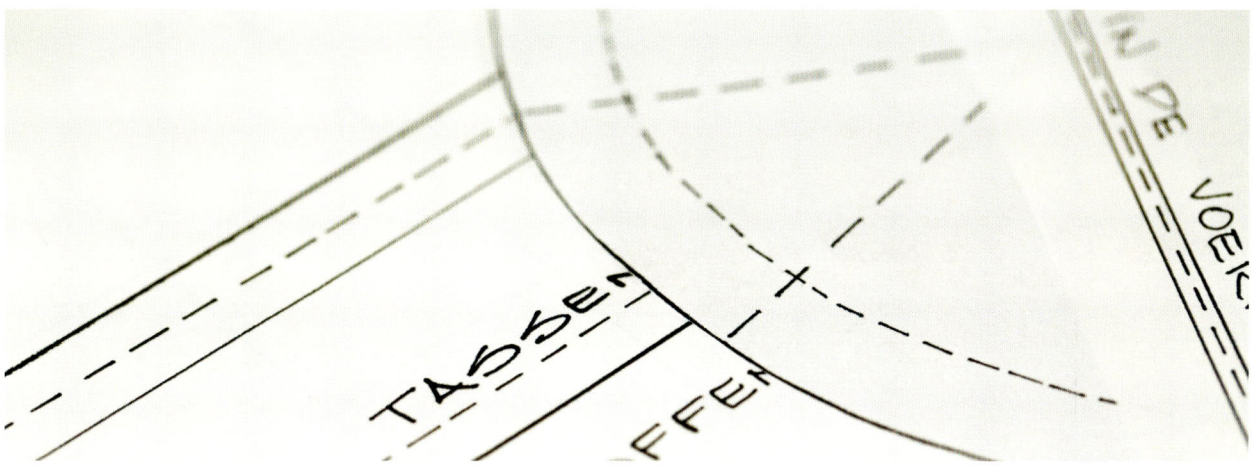

VLIESELINE AUFBÜGELN

- Die runden Schnittteile aus Vlieseline auf die runden Schnittteile A aus Außenstoff aufbügeln.
- Vlieseline-Streifen für den Reißverschluss auf die Teile B aus Außenstoff aufbügeln.
- Seitenstreifen aus Vlieseline auf Teil C aus Außenstoff aufbügeln.

MARKIERUNGEN AUF DEN STOFF ÜBERTRAGEN

Wird zu einem späteren Zeitpunkt gemacht (siehe Anleitung).

Tipp: Beachten Sie beim Zuschneiden von gemusterten Stoffen die Ausrichtung des Musters. Wenn das Muster in einer Richtung liegt, können Sie den Streifen C auch in zwei Teilen zuschneiden (angegebene Länge der Teile halbieren und 1 cm Nahtzugabe bei jedem Teil hinzurechnen) und diese beiden Teile aneinander nähen, sodass das Muster an beiden Seiten in der richtigen Richtung liegt. Bitte beachten Sie: Es kann sein, dass Sie dann mehr Stoff benötigen als angegeben!

Nähen (1 cm von der Kante entfernt nähen, sofern nicht anders angegeben)

ZUGLASCHEN

- ① Teil D in der Breite mittig mit der linken Seite nach innen falten und bügeln. Wieder auffalten, die Seitenkanten (parallel zur Falte) 1 cm nach innen falten und bügeln.
- ② An der bereits gebügelten Falte wieder zusammenfalten. Die beiden langen Seiten knappkantig steppen.
- ③ Diesen Streifen in der Breite falten, sodass eine Lasche entsteht. Die Lasche mit kleinem Zickzackstich zusammennähen. Diese Naht ist später nicht mehr zu sehen; sie sorgt nur dafür, dass die nicht versäuberten Laschenenden nicht verrutschen. Die zweite Lasche auf die gleiche Weise nähen.
- ④ Die Laschen an die kurzen Seiten von Teil C nähen. Die Laschen müssen genau in der Mitte auf die rechte Stoffseite genäht werden. Die Laschen 0,5 cm von der Kante entfernt (Hilfsnaht) festnähen.

SEITENSTREIFEN

- ⑤ Die beiden Teile C und C' mit den linken Seiten aufeinanderlegen. Rundherum 0,5 cm von der Kante entfernt entlangsteppen (Hilfsnaht).
- Dieser Seitenstreifen wird erst in einem späteren Arbeitsschritt am Reißverschlussteil der Tasche befestigt.

REISSVERSCHLUSSSTREIFEN

- Den Reißverschlussstreifen nach der Anleitung auf Seite 163 arbeiten. Hierzu die Teile B und B' verwenden.

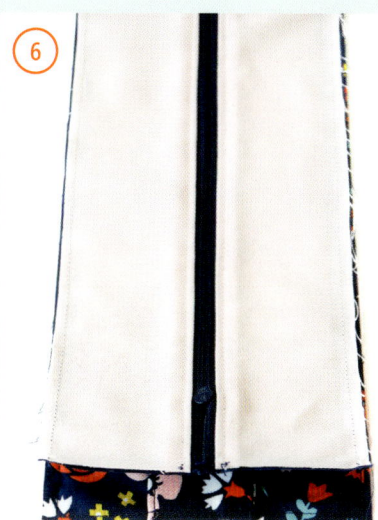

Tipp: Die langen Seiten an die andere Seite des Reißverschlusses etwa 0,5 cm von der Kante entfernt nähen (Hilfsnaht). So bleiben Außen- und Innenstoff bündig aufeinander liegen, was die weiteren Nähschritte vereinfacht.

REISSVERSCHLUSS- UND SEITENSTREIFEN

- ⑥ Jetzt ist der gesamte Reißverschlussstreifen der Tasche fertig und kann nun an die Seitenstreifen C+C' gesteppt werden. Dazu eine der kurzen Seiten des Seitenstreifens auf eine der kurzen Seiten des Reißverschlussstreifens legen; dabei liegen die Außenstoffe aufeinander.
- Zusammennähen und an der anderen kurzen Seite wiederholen.

- Diese Nähte werden anschließend mit Schrägband versäubert. Nach der Anleitung auf Seite 147 arbeiten.

Tipp: Verwenden Sie Schrägband in der Farbe des Innenstoffs. Auch das Nähgarn sollte diese Farbe haben. So fällt das Schrägband am wenigsten auf.

HENKEL

- Wenn der Henkel aus Stoff sein soll, mit den Teilen E nach der Anleitung auf Seite 155 arbeiten.

Tipp: Soll Ihre Tasche Innenfächer bekommen? Dann nähen Sie die Innenfächer jetzt auf die Teile A'. Anleitungen zum Nähen der unterschiedlichen Innenfächer finden Sie ab Seite 150.

DIE TASCHE FERTIGSTELLEN

- ⑦ Ein Teil A auf ein Teil A' legen, dabei liegen die linken Seiten aufeinander.
- Rundherum 0,5 cm von der Kante entfernt entlangsteppen (Hilfsnaht). Mit den beiden anderen Teilen A und A' wiederholen.
- ⑧ Soll die Tasche rundherum eine Paspel bekommen (wie hier bei Rosalie II), wird das Paspelband jetzt aufgenäht. Die Paspel mit Stecknadeln ringsum auf beiden Teilen A+A' feststecken.

- Das Paspelband nach der Anleitung auf Seite 148 festnähen. Achten Sie darauf, der Rundung der Tasche genau zu folgen.
- ⑨ Weiter mit den Teilen A+A'. Legen Sie die Henkel auf die im Schnittmuster eingezeichneten Stellen. Die Henkel dürfen nicht verdreht sein. Etwa 0,5 cm von der Kante entfernt feststeppen (Hilfsnaht).
- ⑩ Markierungspunkte a, b und c (siehe Schnittmuster) auf den Teilen A+A' und auf dem Reißverschluss- und Seitenstreifen einzeichnen.
- ⑪ Den Reißverschluss- und Seitenstreifen auf eines der Teile A+A' legen (Außenstoffe aufeinander). Die vier Markierungspunkte müssen genau aufeinander liegen. Den Streifen rundherum mit Stecknadeln an dem runden Teil befestigen. Dabei besonders genau arbeiten und lieber zu viele Stecknadeln als zu wenige verwenden. Der Stoff muss gleichmäßig um die Tasche herum verteilt sein.
- Rundherum steppen, dabei der Rundung folgen.

Tipp: Verwenden Sie hierzu Garn in der Farbe des Innenstoffs. So fällt diese Naht beim Aufnähen des Schrägbands nicht so sehr auf.

- Diese gerade Naht ist an der Innenseite nicht versäubert. Sie wird mit Schrägband versehen, wie es oben beim Seitenstreifen geschehen ist. Nach der Anleitung auf Seite 147 arbeiten.

Tipp: Wenn die Seitennaht der Tasche mit Paspelband versäubert wurde, wird das Schrägband mit dem Reißverschlussfuß gesteppt.

- Diese Arbeitsschritte für das andere Teil A+A' wiederholen. Dabei muss der Reißverschluss offen bleiben, damit die Tasche gewendet werden kann.
- Sobald alles gesteppt ist, die Tasche durch die Reißverschlussöffnung wenden.

FERTIG!

Eigene Varianten

- Wir haben von dieser Tasche eine große und eine kleine Ausführung genäht. Die große Variante ist 25 % größer als die kleine. Wählen Sie einen anderen Prozentsatz, um andere Maße zu bekommen. Aber aufgepasst: So vergrößert/verkleinert sich auch die Nahtzugabe. Die Nahtlinie (gestrichelt) bleibt unverändert, die Schnittlinie (durchgehend) wird 1 cm von der Nahtlinie entfernt neu gezeichnet.

- Mit dieser Tasche haben wir das grundlegende Prinzip erklärt; jetzt können Sie problemlos selbst eine andere Taschenform entwerfen. Vielleicht eine rechteckige oder trapezförmige Tasche mit schmalerer Oberseite und breiter Unterseite? Dann zeichnen Sie erst die Form der Teile A und zeichnen die Nahtlinie (gestrichelt) 1 cm von der Kante entfernt ein. Messen Sie den Umfang der Nahtlinie. Rechnen Sie noch 4 cm zusätzlich dazu (als Nahtzugabe zwischen den Teilen B und C). Diese neue Länge entspricht der Länge von Schnittmusterteil B + Schnittmusterteil C.

- Soll die Tasche einen langen Schulterriemen bekommen, befestigen Sie in jeder Zuglasche einen D-Ring. Nähen Sie einen langen verstellbaren Henkel (Anleitung Seite 156) mit zwei Karabinerhaken, die Sie in die D-Ringe einhängen können.

- Diese Tasche können Sie auch ohne Schrägband arbeiten, wie es bei Ida auf Seite 125 erläutert ist. Das Schrägband sorgt bei dieser Tasche dafür, dass die Nähte steif werden und so der Tasche ihre Form geben. Der Innenstoff ist hier zusammen mit dem Außenstoff fest in die Nähte eingenäht, sodass das Futter nicht ‚lose' in der Tasche liegt.

- Anstelle von zwei kurzen Henkeln können Sie auch Gurtband über die gesamte Höhe der Tasche verwenden. Nähen Sie dazu das Gurtband an Vorder- und Rückenteil, bevor Sie die Tasche zusammensetzen (siehe Lena, Seite 79). In diesem Fall kann auch – wie bei Lena – ein zusätzliches Fach (mit oder ohne Reißverschluss) zwischen den beiden Henkeln eingenäht werden.

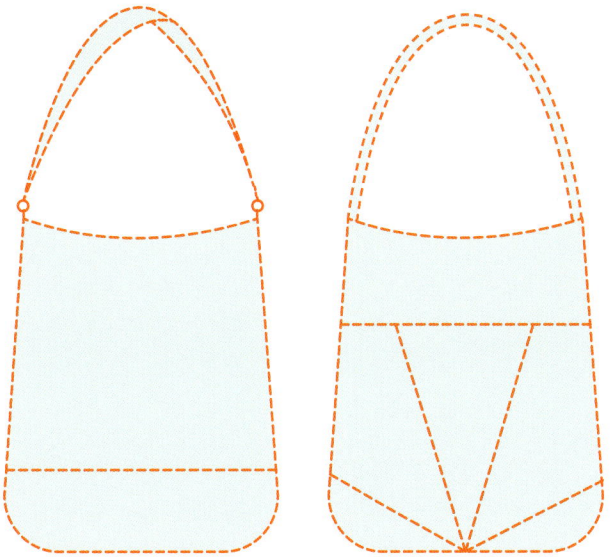

Pauline

Schlichte Form, schlichtes Muster

Nonchalant in der Hand oder über der Schulter getragen – und bevor Sie es merken, wollen Sie ohne diese XL-Tasche nicht mehr aus dem Haus gehen.

Was brauchen Sie?

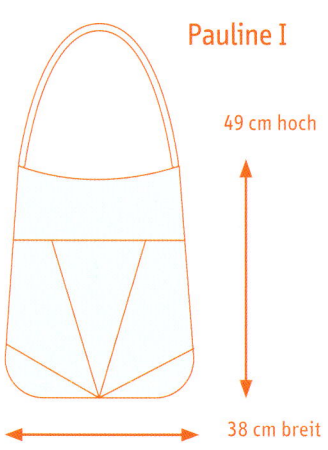

Pauline I

49 cm hoch

38 cm breit

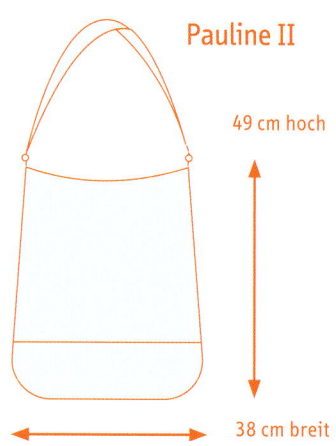

Pauline II

49 cm hoch

38 cm breit

Pauline I (geometrische Flächen)

STOFF UND VLIESELINE

- 50 cm Außenstoff (weiß)*
- 25 cm x 38 cm Außenstoff (gelb)
- 23 cm x 38 cm Außenstoff (dunkelblau)
- 22 cm x 16 cm Außenstoff (grau)
- 22 cm x 16 cm Außenstoff (hellblau)
- 50 cm Innenstoff
- 50 cm Vlieseline H630

ZUBEHÖR

- farblich passendes Nähgarn
- dicke Schnur (etwa 1 cm Durchmesser), 70 cm lang
- Ösenringe (ø passend zur Schnur)

Pauline II (orange)

STOFF UND VLIESELINE

- 50 cm Außenstoff*
- 50 cm Innenstoff
- 50 cm Vlieseline H630
- 40 cm x 22 cm Leder

ZUBEHÖR

- farblich passendes Nähgarn
- Lederband oder Riemen, 75 cm lang
- 2 geschweißte O-Ringe, ø mind. 3 cm
- 4 Hohlnieten

* Wird der Henkel aus Stoff genäht: zusätzlich 16 cm Stoff

Vorbereitung

Pauline I Außenstoff

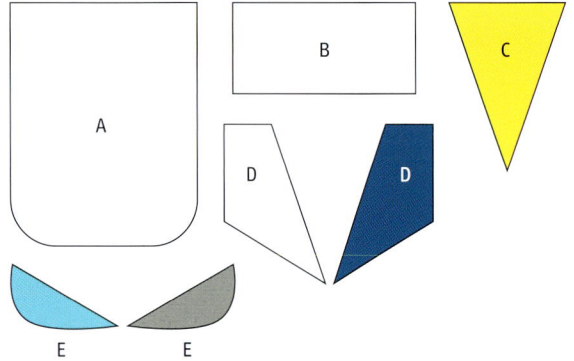

Pauline I Innenstoff

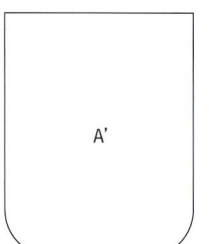
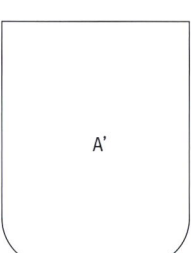

STOFF NACH DEN SCHNITTMUSTERTEILEN AUF DEM SCHNITTMUSTERBOGEN ZUSCHNEIDEN ● (BLAU)

Pauline I
- **Außenstoff**: 1x Teil A (Rückenteil), 1x Teil C (gelbe Fläche), 2x Teil D (1x gespiegelt, dunkelblaue und weiße Fläche), 2x Teil E (1x gespiegelt, graue und hellblaue Fläche)
- **Innenstoff**: 2x Teil A'
- **Vlieseline**: 2x Teil A nach Schnittmuster zuschneiden, ringsum etwa 0,5 cm kleiner

Pauline II
- **Außenstoff**: 2x Teil A (Vorder-/Rückenteil)
- **Leder**: 2x Teil F
- **Innenstoff**: 2x Teil A'
- **Vlieseline**: 2x Teil A nach Schnittmuster zuschneiden, ringsum etwa 0,5 cm kleiner

STOFF NACH DEN ANGEGEBENEN MASSEN ZUSCHNEIDEN (BREITE X HÖHE)

Pauline I
- **Außenstoff**: 1x Teil B (Vorderteil oben) = 40 cm x 18 cm

VLIESELINE AUF DEN AUSSENSTOFF AUFBÜGELN

Pauline I
- Vlieseline nur auf Teil A aufbügeln (mit dem Vorderteil warten, bis es zusammengesetzt ist).

Pauline II
- Vlieseline auf beide Teile A aufbügeln.

Pauline II Außenstoff

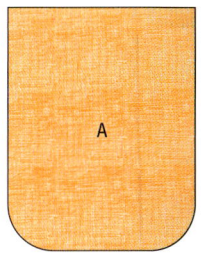
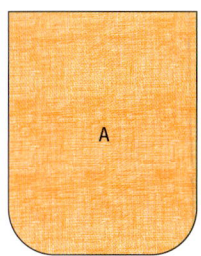

Pauline II Innenstoff

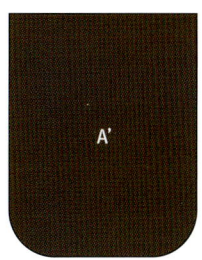
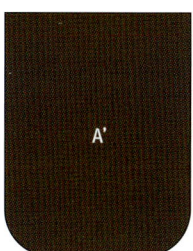

Pauline II Leder

Nähen (1 cm von der Kante entfernt nähen, sofern anders angegeben)

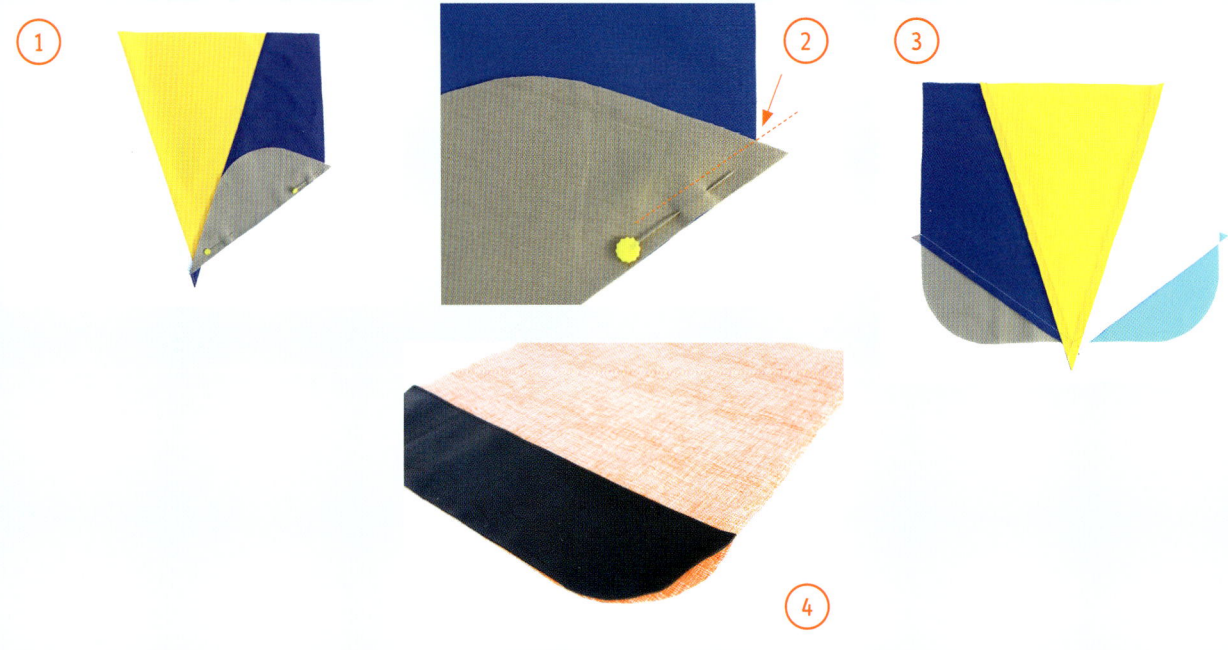

VORDER- UND RÜCKENTEILE VORBEREITEN
Pauline I

- ① Die fünf geometrischen Flächen der Reihe nach aneinandernähen. Mit der mittleren Fläche beginnen (bei Pauline I die gelbe Fläche), anschließend jeweils die Flächen links und rechts der gelben Fläche feststeppen und zum Schluss die beiden kleinsten Flächen.

- ② Jede neu angelegte Fläche überlappend so auflegen, dass die Nahtlinie (1 cm von der Kante entfernt) genau an der Kante der anderen Fläche endet.

- ③ Nach jeder Fläche die Naht bügeln, damit diese ganz flach liegt, bevor die nächste Fläche hinzukommt. Wenn die Stoffe nicht zu durchsichtig sind, können die Nähte in Richtung der Taschenunterseite gebügelt werden. Wenn jedoch einige Stoffteile durchsichtig sind, die Nähte von diesem Stoff weg bügeln.

- Das eben zusammengenähte Teil mit der rechten Seite nach oben legen. Teil B rechts auf rechts darauflegen, sodass die oberen Kanten bündig liegen. Obere Kante absteppen. Auffalten und die Naht nach unten bügeln.

- Vlieseline auf das gesamte Teil bügeln.

Pauline II

- ④ Ein Lederteil F auf ein Teil A legen. Die unteren und seitlichen Kanten müssen bündig liegen. Leder kann nicht mit Stecknadeln geheftet werden, da dabei Löcher entstehen. Das Leder stattdessen mit Haarklammern am Stoff fixieren. An der langen rechten Seite des Leders knappkantig entlangsteppen.
- Mit den beiden anderen Teilen F und A wiederholen.

ÄUSSERE UND INNERE TASCHE NÄHEN

- ⑤ Die beiden Teile A rechts auf rechts aufeinanderlegen. Die Seiten und die untere Kante absteppen.

Tipp: Wenn die Tasche Innenfächer bekommen soll, werden diese jetzt auf die Teile A' genäht. Anleitungen zum Nähen der unterschiedlichen Innenfächer finden Sie ab Seite 150.

- Diese Arbeitsschritte für die beiden Teile A' wiederholen. An der Unterseite der Tasche eine Wendeöffnung lassen (im Schnittmuster gekennzeichnet).

TASCHE FERTIGSTELLEN

- Innere Tasche mit der rechten Seite nach außen wenden und in die äußere Tasche schieben (deren rechte Seite zeigt nach innen).

- ⑥ Beide Taschen oben mit Stecknadeln aneinander stecken und darauf achten, dass die Seitennähte bündig liegen.
- Taschen oben rundherum aneinander nähen. Die Tasche durch die Wendeöffnung wenden.
- Obere Naht flachbügeln und die obere Kante der Tasche knappkantig absteppen. Wendeöffnung mit Blindstichen schließen (siehe Seite 149).

HENKEL BEFESTIGEN
Pauline I

- ⑦ Ösenringe (durch Innen- und Außenstoff) über der Seitennaht einschlagen. Der Mittelpunkt der Ösenringe soll etwa 2 cm von der oberen Kante entfernt sein.
- Durch diese Ringe eine dicke Schnur ziehen, auf der Innenseite zu einem dicken Knoten binden und kurz abschneiden.

Pauline II

- Vom Lederriemen zwei kurze 7,5 cm lange Stücke abschneiden.
- ⑧ Ein Loch 1,5 cm von der oberen Kante entfernt durch die Seitennaht der Tasche stanzen (durch Innen- und Außenstoff). Auch die kurzen Lederstücke etwa 1 cm von jedem Ende entfernt lochen.
- ⑨ Jeweils ein kurzes Lederstück um einen O-Ring falten. Das Lederstück auf die Stoffkante aufsetzen. Die Hohlniete durch das Lederstück, den Stoff und das andere Ende des Lederstücks stecken. Die Hohlniete laut Anweisungen auf der Nietenverpackung befestigen.
- Diese Arbeitsschritte mit dem anderen kurzen Lederstück auf der gegenüberliegenden Seitennaht der Tasche wiederholen.
- ⑩ An den Enden des langen Lederriemens, die an den O-Ringen befestigt werden, ebenfalls Hohlnieten einsetzen.

FERTIG!

Eigene Varianten

- Keine der beiden Varianten hat einen Verschluss. Wenn Ihre Tasche einen Verschluss bekommen soll, beispielsweise einen Magnet- oder Drehverschluss, arbeiten Sie nach den Anleitungen auf Seite 161/162. Achten Sie darauf, dass bestimmte Teile dieser Verschlüsse bereits zu Beginn an den Teilen A' angebracht werden müssen.
- In diese Tasche lässt sich problemlos ein Reißverschluss einsetzen, z. B. ein versenkter Reißverschluss (siehe Seite 163).
- Verkleinern Sie die Tasche, sodass eine Schultertasche daraus wird. Dann ist ein langer Schulterriemen besser.
- Soll der Henkel in die Seitennähte der Tasche eingenäht werden, verwenden Sie Gurtband oder nähen Sie einen Stoffhenkel aus einem 16 cm x 60 cm großen Rechteck. Arbeiten Sie nach der Anleitung auf Seite 155.
- In die abgerundeten Ecken der Tasche können auch Formnähte (Abnäher) gearbeitet werden, damit die Tasche mehr Tiefe bekommt. Beim Schnittmuster von Juliette (Seite 135) ist erläutert, wie die Formnähte in das Schnittmuster eingezeichnet und dann genäht werden.

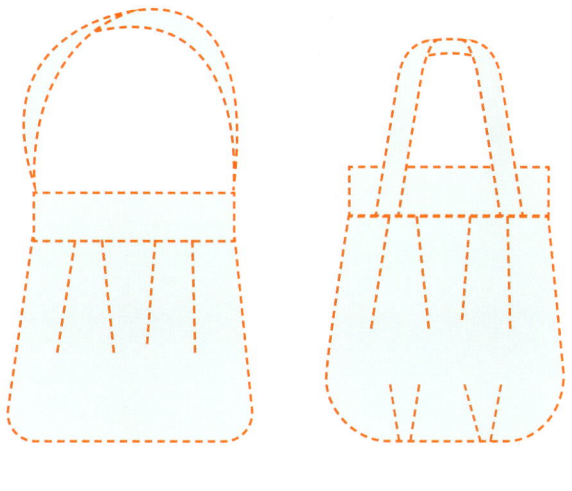

Alice

Spiel mit Falten und Ecken

Stehend oder hängend, voluminös oder schmal –
bei dieser Tasche ist alles möglich.

Was brauchen Sie?

Alice I
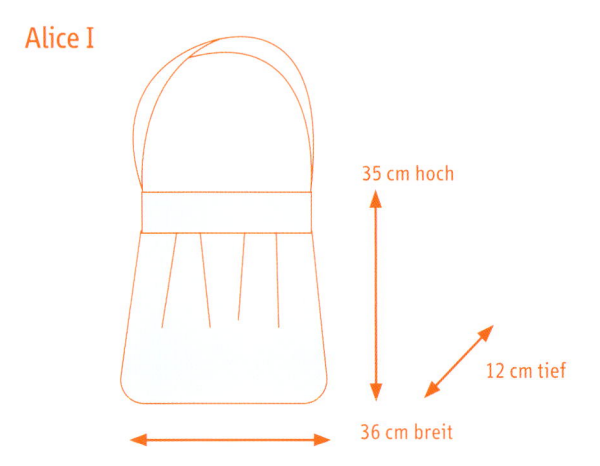
35 cm hoch
12 cm tief
36 cm breit

Alice II
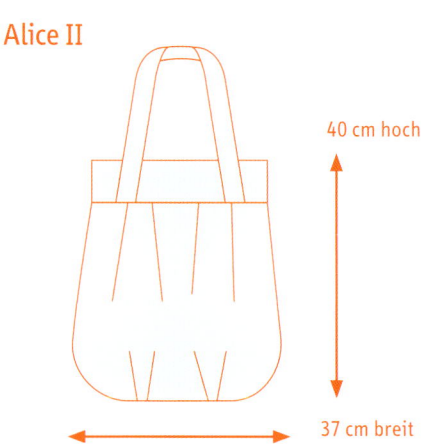
40 cm hoch
37 cm breit

Bei dieser Tasche hängt viel davon ab, in welcher Richtung der Stoff liegt. Am besten entscheiden Sie zuerst, wie Sie die Schnittmusterteile legen möchten (waagerecht oder senkrecht), und messen dann ab, wieviel Stoff Sie genau benötigen.

Alice I (azurblau)

STOFF UND VLIESELINE

- 55 cm Außenstoff
- 45 cm Innenstoff
- 100 cm Bügelvlies*

ZUBEHÖR

- Gurtband, 135 cm lang
- 1 Metallschlaufe
- 1 Leiterschnalle aus Metall
- Reißverschluss, 40 cm lang
- farblich passendes Nähgarn

Alice II (dunkelblau)

STOFF UND VLIESELINE

- 60 cm Außenstoff
- 40 cm Innenstoff
- 100 cm Bügelvlies*

ZUBEHÖR

- Gurtband, 128 cm lang
- 4 Metallschlaufen
- Magnetverschluss
- Paspelband, 70 cm lang
- farblich passendes Nähgarn

* Weder H630 noch H640 wegen der Falten

Vorbereitung

Alice I Außenstoff

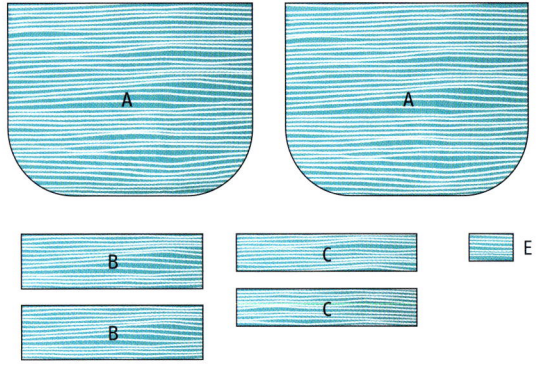

Alice I Innenstoff

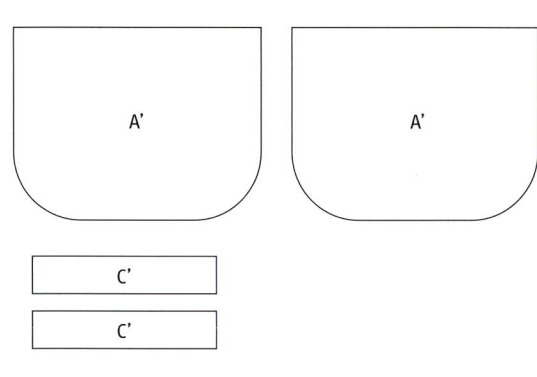

STOFF UND VERSTÄRKUNG NACH DEN SCHNITTMUSTERTEI-LEN AUF DEM SCHNITTMUSTERBOGEN ZUSCHNEIDEN
● (ROSTBRAUN)

Alice I

- **Außenstoff**: 2x Teil A (Vorder-/Rückenteil unten)
- **Innenstoff**: 2x Teil A' (Vorder-/Rückenteil unten)
- **Bügelvlies**: 4x Teil A

Alice II

- **Außenstoff**: 2x Teil A (Vorder-/Rückenteil unten)
- **Innenstoff**: 2x Teil D' (Vorder-/Rückenteil unten)
- **Bügelvlies**: 2x Teil A, 2x Teil D'

STOFF UND VERSTÄRKUNG NACH DEN ANGEGEBENEN MASSEN ZUSCHNEIDEN (BREITE X HÖHE)

Alice I

- **Außenstoff**: 2x Teil B (Vorder-/Rückenteil oben) = 35 cm x 10 cm
- **Außenstoff**: 2x Teil C (Reißverschlussteil) = 35 cm x 5,75 cm
- **Innenstoff**: 2x Teil C' = 35 cm x 5,75 cm
- **Außenstoff**: 1x Teil E (Reißverschlussklappe) = 8 cm x 5 cm
- **Bügelvlies**: 2x Rechteck à 35 cm x 10 cm (Verstärkung Teile B), 4x Rechteck à 35 cm x 5,75 cm (Verstärkung Teile C und C')

Alice II

- **Außenstoff**: Außenstoff: 4x Teil B (Vorder-/Rückenteil oben) = 35 cm x 10 cm
- **Bügelvlies**: 4x Rechteck à 35 cm x 10 cm (Verstärkung Teile B)

Alice II Außenstoff

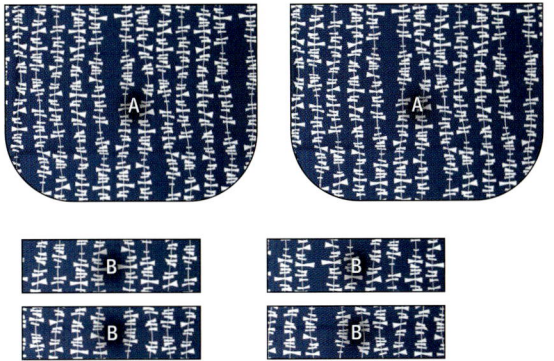

Alice II Innenstoff

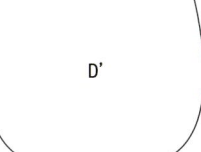

BÜGELVLIES AUFBÜGELN

- Das Bügelvlies auf die entsprechenden Teile aufbügeln. Alle Teile außer Teil E werden verstärkt.

FALTEN AUF DEN STOFF ÜBERTRAGEN

- Die Falten nach den Angaben auf dem Schnittmuster auf die Teile A und A' übertragen: drei Striche pro Falte, vier Falten oben und für Alice II noch zwei Falten unten.

ECKEN ZURÜCKSCHNEIDEN

Bei den Teilen A und A' von Alice I die Ecken unten im Stoff zurückschneiden, wie im Schnittmuster angegeben.

Nähen (1 cm von der Kante entfernt nähen, sofern nicht anders angegeben)

VERSCHLUSS
Magnetverschluss (Alice II):

- Den Verschluss auf zwei der vier Streifen B befestigen. Die Mitte des Verschlusses 4 cm von der oberen Kante entfernt genau in die Mitte des Stoffs legen. Nach der Anleitung auf Seite 161 arbeiten.

Versenkter Reißverschluss (Alice I):

- ① Mit den Teilen C, C' und E nach der Anleitung auf Seite 163 arbeiten.

FALTEN NÄHEN

- ② Die Falten wurden bei der Vorbereitung bereits auf den Teilen A und A' markiert. Die Markierung am Anfang des Pfeils über die mittlere Markierung falten (hier mit einer roten Stecknadel markiert), sodass die beiden äußeren Markierungen (gelbe Stecknadeln) aufeinander liegen. Mit Stecknadeln feststecken.

- ③ Die Falten 0,5 cm von der Kante entfernt feststeppen (Hilfsnaht). So bleiben die Falten bei den weiteren Arbeitsschritten beim Nähen der Tasche schön liegen.

- **Alice I:** ④ Die Falten werden in den Außenstoff und auch in den Innenstoff genäht (Teile A und A').

- **Alice II:** ⑤ Bei den zwei Teilen A zusätzlich zu den vier Falten oben auch zwei Falten unten legen, wie es bei der Vorbereitung markiert wurde. Bei Alice II werden in den Innenstoff (Teil D) keine Falten gelegt.

HENKEL

- **Alice I**: verstellbarer Henkel aus Gurtband (Anleitung Seite 156).
- **Alice II**: kurze Henkel aus Gurtband (Anleitung Seite 157).

VORDER- UND RÜCKENTEIL AUS AUSSEN- UND INNENSTOFF

Alice I
Außenstoff:

- ⑥ Ein Teil B oben rechts auf rechts auf ein Teil A legen und die obere Kante absteppen.
- Auffalten, Teil B nach oben legen und die Naht in die Verlängerung von Teil A bügeln. Knappkantig durch Teil B steppen.
- Mit den beiden anderen Teilen A und B wiederholen.

Innenstoff:

- ⑦ Den Reißverschluss zwischen den Teilen C und C' ganz öffnen, damit die Teile glatt aufeinander liegen. Die Teile A' an die Teile C' nähen, wie es oben für die Teile A und B beschrieben ist.

Alice II
Außenstoff:

- ⑧ Das Paspelband mit Stecknadeln an die obere Kante der beiden Teile A stecken. Nach der Anleitung auf Seite 148 arbeiten.
- ⑨ Anschließend die kurzen Henkel mit Stecknadeln auf die Teile A stecken. Die Henkel 7 cm von der Außenkante entfernt feststecken.
- 0,5 cm von der Kante entfernt feststeppen (Hilfsnaht).

- Jetzt kommen die beiden Teile B ohne den Magnetverschluss. Ein Teil B oben auf ein Teil A legen, rechte Seiten aufeinander. Aneinander steppen. Mit den beiden anderen Teilen A und B wiederholen. Die Vorder- und Rückenteile aus Außenstoff sind jetzt fertig.

Innenstoff:

- ⑩ ⑪ Die Teile D' und B mit Magnetverschluss werden ebenso aufeinander gesteppt wie der Außenstoff. Auffalten, Teil B nach oben legen und die Naht in die Verlängerung von Teil D' bügeln. Knappkantig durch Teil B steppen.

ÄUSSERE UND INNERE TASCHE NÄHEN
Alice I

- ⑫ Die beiden Teile A+B rechts auf rechts aufeinander legen, dabei die Ecken aufeinander und die Nähte (zwischen Ober- und Unterteil) links und rechts bündig übereinander legen. Die seitliche Kante und die untere Kante steppen (die obere Kante offen lassen und auch die Ecken nicht mitsteppen).
- ⑬ Die Ecken mit Stecknadeln so feststecken, dass die untere und die seitliche Naht genau aufeinander liegen. Feststeppen.
- Mit den Teilen A'+C'+C wiederholen. Darauf achten, dass das Ende des Reißverschlusses nach innen in der Tasche liegt, und dass eine Wendeöffnung laut Markierung im Schnittmuster in der unteren Kante offen bleibt.
- Die äußere Tasche mit der rechten Seite nach außen wenden. Die Enden des Henkels mit Stecknadeln an der Seite der Tasche genau mittig über der Seitennaht feststecken. Der Henkel darf nicht verdreht sein und muss rechts auf rechts auf der äußeren Tasche liegen. 0,5 cm vom oberen Rand entfernt feststeppen (Hilfsnaht).

Alice II

- Die beiden Teile A+B aufeinander legen, dabei die Rundungen aufeinander und die Nähte (zwischen Ober- und Unterteil) links und rechts genau übereinander legen. Von rechts oben nach links oben rundherum steppen (obere Kante offen lassen).
- Mit den Teilen D'+B wiederholen. Eine Wendeöffnung in der Unterseite laut Markierung im Schnittmuster offen lassen.

TASCHE FERTIGSTELLEN

- Innere Tasche mit der rechten Seite nach außen wenden, die äußere Tasche mit der rechten Seite nach innen.
- Die innere Tasche in die äußere Tasche schieben. Dabei muss der Henkel zwischen den beiden Taschenteilen nach unten hängen. Die Seitennähte aufeinander legen. Wenn die Tasche einen Reißverschluss bekommt, muss dieser jetzt geöffnet sein!
- ⑭ Die beiden Taschen oben mit Stecknadeln aneinander stecken.
- Rundherum steppen, dabei der Rundung folgen. In Höhe des Henkels ein paar Mal vor- und zurücksteppen, um den Henkel gut zu befestigen.
- Die Tasche durch die Wendeöffnung wenden. Die obere Kante knappkantig steppen. Wendeöffnung mit Blindstichen schließen (siehe Seite 149).

Tipp: Wenn der Boden der Tasche (Alice I) verstärkt werden soll, fertigen Sie einen Taschenboden so an, wie es bei der Tasche Lena (Seite 79) erklärt ist. Verwenden Sie hierzu ein Stück eines Kunststoffsets mit den Maßen 31 cm x 12 cm und zwei Stoffstücke mit den Maßen 33 cm x 14 cm.

FERTIG!

Eigene Varianten

- Probieren Sie unterschiedliche Anordnungen von Falten bei der Tasche aus. Pro Falte brauchen Sie 3 cm Stoff. Mit vier Falten wird das unterste Schnittmusterteil daher 12 cm breiter als der oberste Streifen von 35 cm.
- Bei dieser Tasche können Sie in die Rundungen unten auch perfekt Formnähte (Abnäher) einarbeiten, damit die Tasche mehr Volumen bekommt (beim Schnittmuster Juliette ist erklärt, wie Formnähte eingezeichnet werden).
- Ein anderer Henkel verleiht der Tasche einen ganz anderen Look. Mit zwei kurzen Lederhenkeln bekommt die Tasche z. B. einen klassischen Touch. Diese werden ganz am Schluss, wenn die Tasche fertig ist, auf Vorder- und Rückenteil mit Hohlnieten befestigt. Die Anleitung dazu finden Sie auf Seite 157.
- Anstelle eines Magnetverschlusses können Sie natürlich auch einen Druckknopf oder KAM-Snaps verwenden (Erläuterungen auf Seite 162).
- Wenn Sie keine Falten einarbeiten möchten, können Sie diese einfach weglassen. Verwenden Sie dann Teil D' auch für die Außenseite der Tasche.

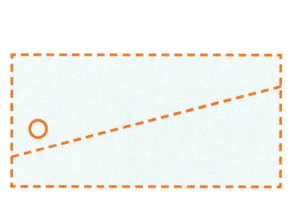 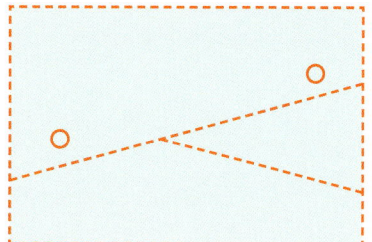

Tilly
Eine Luxus-Clutch aus Stoff

Spielen Sie mit der Größe dieser Tasche, so wird alles hübsch verpackt und gut verstaut.

Was brauchen Sie?

Tilly I

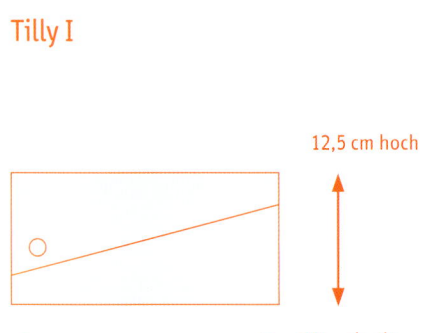

12,5 cm hoch

19 cm breit

Tilly II

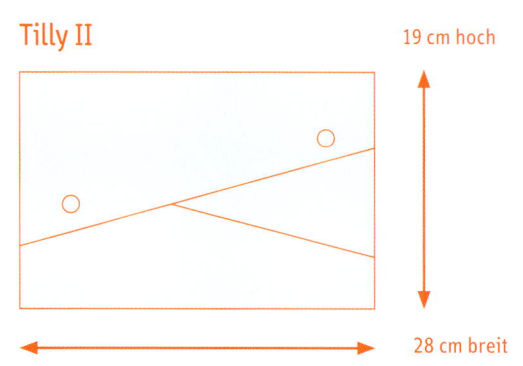

19 cm hoch

28 cm breit

Tilly I (klein mit Dreiecksmuster)

STOFF UND VLIESELINE

- 25 cm Stoff 1 (Klappe + Rückenteil)
- 15 cm Stoff 2 (Vorderteil)
- 23 cm Vlieseline H630

ZUBEHÖR (TILLY I UND II)

- farblich passendes Nähgarn
- Verschluss: KAM-Snap oder Druckknopf

Tipp: Leinen eignet sich nicht so gut für Tilly I.

Tilly II (groß)

STOFF UND VLIESELINE

- 35 cm Stoff 1 (Klappe + Rückseite)
- 20 cm Stoff 2 (Vorderteil)
- 15 cm Stoff 3 (schräge Vortasche)
- 34 cm Vlieseline H630

Vorbereitung

Stoff 1

Stoff 2

Tilly II Stoff 3

STOFF UND VERSTÄRKUNG NACH DEN SCHNITTMUSTER-TEILEN AUF DEM SCHNITTMUSTERBOGEN ZUSCHNEIDEN
● **(VIOLETT)**

Tilly I

- **Stoff 1**: 2x Teil A (Klappe + Rückenteil), davon 1 gespiegelt
- **Vlieseline H630**: 1x Teil A nach Schnittmuster zuschneiden, ringsum etwa 0,5 cm kleiner

Tilly II

- **Stoff 1**: 2x Teil A (Klappe mit Rückenteil), davon 1 gespiegelt
- **Stoff 3**: 2x Teil C (schräges Vorfach), davon 1 gespiegelt
- **Vlieseline H630**: 1x Teil A nach Schnittmuster zuschneiden, ringsum etwa 0,5 cm kleiner

STOFF UND VERSTÄRKUNG NACH DEN ANGEGEBENEN MASSEN ZUSCHNEIDEN (BREITE X HÖHE)

Tilly I

- **Stoff 2**: 2x Teil B (Vorderteil) = 21 cm x 14 cm
- **Vlieseline H630**: 1x Rechteck à 20 cm x 13 cm (Verstärkung Teil B)

Tilly II

- **Stoff 2**: 2x Teil B (Vorderteil) = 30,5 cm x 20 cm
- **Vlieseline H630**: 1x Rechteck à 29,5 cm x 19 cm (Verstärkung Teil B)

VLIESELINE AUFBÜGELN

Vlieseline auf ein Teil A und ein Teil B aufbügeln.

MARKIERUNGEN AUF DEN STOFF ÜBERTRAGEN

Auf beiden Teilen A die Punkte a und b markieren.

Nähen (1 cm von der Kante entfernt nähen, sofern nicht anders angegeben)

- ① Die beiden Teile B rechts auf rechts aufeinanderlegen.
- Eine lange Seite steppen. Die Teile umfalten, sodass sie mit den linken Seiten aufeinander liegen. Die eben genähte Naht bügeln und knappkantig steppen.
- Das schräge Vorfach nähen: Den letzten Schritt mit den beiden Teilen C wiederholen. Dabei die schräge lange Seite steppen.

- ② Dieses Vorfach mit großen Stichen auf das eben genähte Teil B+B 0,5 cm von der Kante entfernt aufnähen (Hilfsnaht).
- ③ Das nun fertige Vorderteil B+B rechts auf rechts auf eines der Teile A legen.

Tipp: Nun müssen Sie gut darauf achten, wie die Schräge der Klappe verläuft. Wenn Sie den Stoff wie auf dem Foto legen (mit dem kleinen Winkel rechts oben), dann liegt dieser kleine Winkel bei der fertigen Clutch letztendlich links.

- Die Kanten und Ecken müssen genau bündig liegen. Teil B+B links, unten und rechts auf Teil A 0,5 cm von der Kante entfernt steppen (Hilfsnaht).
- ④ Anschließend den kurzen Abstand zwischen den Markierungspunkten a und b 1 cm von der Kante entfernt mit normalen Stichen nähen.
- ⑤ Das andere Teil A mit der rechten Seite nach oben legen. Darauf rechts auf rechts das eben zusammengenähte Teil legen. Jetzt den langen Abstand zwischen den Markierungspunkten a und b steppen. Bitte beachten: Die gerade, kurze Linie zwischen a und b wird nicht gesteppt, das ist die Wendeöffnung.

- Die Ecken zurückschneiden.
- Die Clutch durch die Wendeöffnung wenden und diese mit Blindstichen schließen (Seite 149).
- Das große Fach der Clutch jetzt wenden, sodass die Wendeöffnung innen liegt. Alle Teile nochmals gründlich bügeln.
- Jetzt kann der Verschluss der Clutch angebracht werden. Erläuterungen zur Verwendung von Druckknöpfen oder KAM-Snaps finden Sie auf Seite 162.

FERTIG!

Eigene Varianten

- Zeichnen Sie die Klappe als einen richtigen Briefumschlag mit der Spitze in der Mitte. Oder probieren Sie eine runde Klappe aus.
- Tilly II ist 50 % größer als Tilly I. Das einzige, was noch ergänzt wurde, ist das schräge Vorfach. Wenn Sie hier die Stoffe variieren, erhalten Sie völlig unterschiedliche Ergebnisse. Teilen Sie die Klappe beispielsweise in verschiedene Teile. Oder verwenden Sie unterschiedliche Farben oder einen geblümten oder geometrisch gemusterten Stoff.
- Wir haben eine einzige Stoffart für die Innen- und Außenseiten der Teile A, B und C verwendet. Natürlich können Sie auch hier verschiedene Stoffe verwenden. Achten Sie dann beim Fertigstellen der Clutch gut darauf, welche Stoffe sichtbar sein sollen und welche nicht.

Wiske

Eine Arbeitsweise, zwei vollkommen unterschiedliche Taschen

Sportlich oder elegant – dieses Chamäleon passt sich immer an.

Was brauchen Sie?

Wiske I

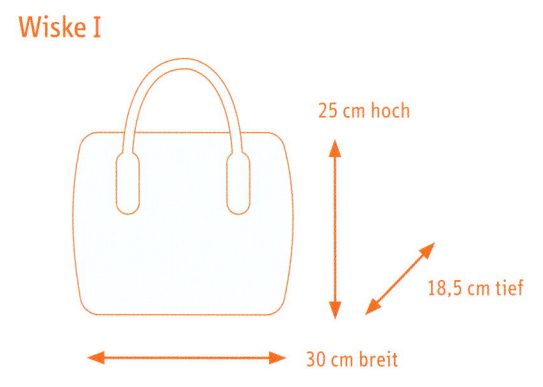

25 cm hoch
18,5 cm tief
30 cm breit

Wiske II

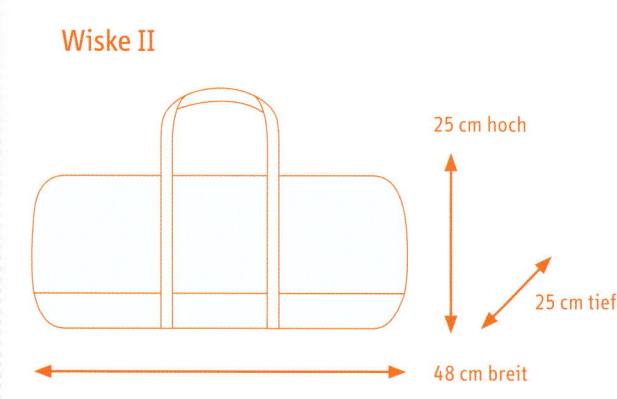

25 cm hoch
25 cm tief
48 cm breit

Wiske I (blau)

STOFF UND VLIESELINE

- 75 cm Außenstoff[2]
- 15 cm Stoff für die Henkel[1,*]
- 35 cm Innenstoff[1,3]
- 55 cm Vlieseline H640

ZUBEHÖR

- Schrägband 160 cm lang
- Reißverschluss, 30 cm lang
- Paspelband, 160 cm lang
- farblich passendes Nähgarn

Wiske II (grün)

STOFF UND VLIESELINE

- 60 cm Außenstoff
- 30 cm einfarbiger Außenstoff**
- 55 cm Innenstoff[1,3]
- 80 cm Vlieseline H640

ZUBEHÖR

- Schrägband, 170 cm lang
- Reißverschluss, 50 cm lang
- Gurtband, 220 cm lang
- Stück Köperband: Länge = (2x Breite des Gurtbands) + 3 cm
- farblich passendes Nähgarn

* Bei der kleinen Variante bestehen die Henkel aus einfarbigem Stoff.
** Die Unterseite der Tasche ist aus einem anderen Stoff genäht.

[1] für 140 cm Stoffbreite
[2] Werden für Teil B zwei Stücke geschnitten (2x 32 cm x 36,85 cm), brauchen Sie nur 40 cm.
[3] Teil B' um 90° drehen

Vorbereitung

Wiske I Außenstoff

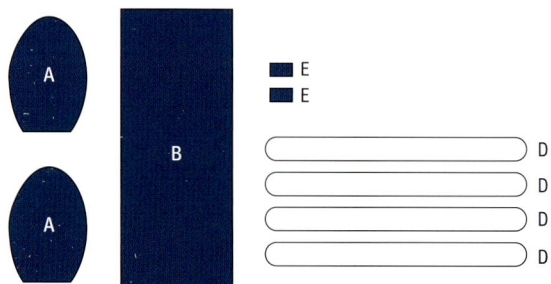

Wiske I Innenstoff

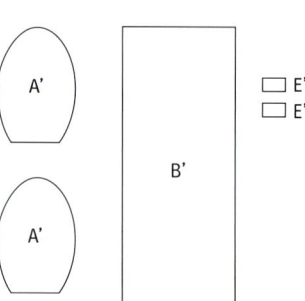

STOFF UND VERSTÄRKUNG NACH DEN SCHNITTMUSTER-TEILEN AUF DEM SCHNITTMUSTERBOGEN ZUSCHNEIDEN
● **(GRÜN)**

Wiske I

- **Außenstoff**: 2x Teil A (Seiten)
- **Innenstoff**: 2x Teil A'
- **Außenstoff Henkel**: 4x Teil D (Henkel)
- **Vlieseline H640**: 2x Teil A nach Schnittmuster zuschneiden, ringsum 0,5 cm kleiner

Wiske II

- **Außenstoff**: 2x Teil A (Seiten)
- **Innenstoff**: 2x Teil A'
- **Vlieseline H640**: 2x Teil A nach Schnittmuster zuschneiden, ringsum 0,5 cm kleiner

STOFF UND VERSTÄRKUNG NACH DEN ANGEGEBENEN MASSEN ZUSCHNEIDEN (BREITE X HÖHE)

Wiske I

- **Außenstoff**: 1x Teil B (Mittelteil) = 32 cm x 71,7 cm, 2x Teil E (Ende des Reißverschlusses) = 3 cm x 3 cm
- **Innenstoff**: 1x Teil B' = 32 cm x 71,7 cm, 2x Teil E' = 3 cm x 3 cm
- **Vlieseline H640**: 1x Rechteck à 70,7 cm x 31 cm (Verstärkung Teil B)

Wiske II

- **Außenstoff**: 2x Teil B (Mittelteil vorne und hinten) = 50 cm x 29 cm, 2x Teil E (Ende des Reißverschlusses) = 3 cm x 3 cm
- **einfarbiger Außenstoff**: 1x Teil C (Mittelteil unten) = 50 cm x 25 cm
- **Innenstoff**: 1x Teil B' = 50 cm x 79 cm, 2x Teil E' = 3 cm x 3 cm
- **Vlieseline H640**: 1x Rechteck à 78 cm x 49 cm (Verstärkung Teil B+C+B)

Wiske II Außenstoff

 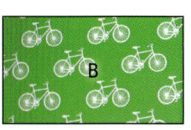 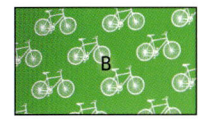

 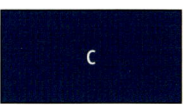

E
E

Wiske II Innenstoff

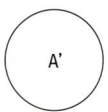

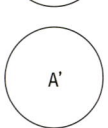 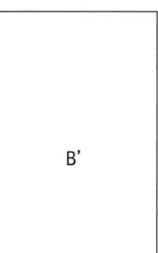

E'
E'

VLIESELINE AUFBÜGELN

- Die runden Formen aus Vlieseline auf die Teile A bügeln.
- Die großen Vlieseline-Rechtecke auf Teil B bügeln.*

MARKIERUNGEN AUF DEN STOFF ÜBERTRAGEN

Die Markierungen werden später auf die einzelnen Teile übertragen.

* Dies gilt nur für die kleine Ausführung (Wiske I). Für die große Ausführung (Wiske II) müssen erst die Teile B und C zusammengenäht werden. Erst danach wird die Vlieseline auf das Teil B+C gebügelt.

Wiske 63

Nähen (1 cm von der Kante entfernt nähen, sofern nicht anders angegeben)

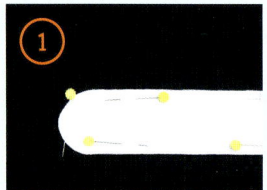
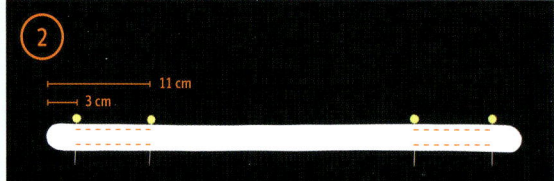

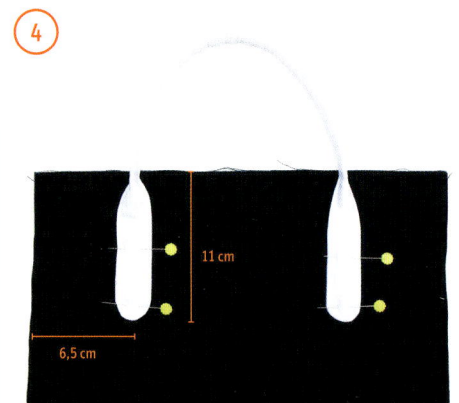
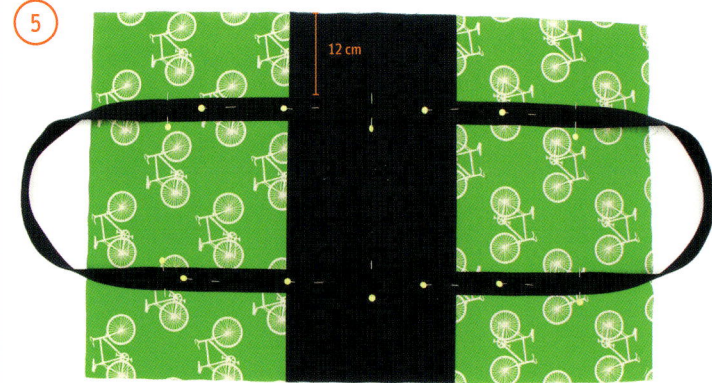

Für Wiske II zunächst die äußere Tasche fertigstellen. Ein Teil B mit der rechten Seite nach oben legen. Darauf kommt rechts auf rechts Teil C, die oberen Kanten müssen bündig liegen. Den Musterverlauf prüfen. Obere Kante steppen. Auffalten und die Naht aufbügeln. Stoff mit der rechten Seite nach oben legen, wobei Teil C oben liegt. Auf Teil C das zweite Teil B mit der rechten Seite nach unten legen. Die oberen Kanten müssen bündig liegen. Feststeppen. Auffalten und die Naht aufbügeln. Jetzt die Vlieseline auf dieses gesamte ‚Außenteil' aufbügeln. Dieses Teil wird in der weiteren Anleitung zu Wiske II als Teil B bezeichnet.

HENKEL
Wiske I

- ① Die beiden Teile D rechts auf rechts aufeinander legen.
- Rundherum steppen, dabei der Rundung folgen und eine Wendeöffnung laut Markierung auf dem Schnittmuster offen lassen. Einige Schnitte in die Rundungen einknipsen oder Nahtzugabe mit einer Zackenschere zurückschneiden. Dabei knappkantig an der Nahtlinie entlang schneiden. Den Henkel nach außen wenden und die Nähte flachbügeln.
- ② Die auf dem Foto markierten Bereiche knappkantig absteppen.
- ③ Den Henkel der Länge nach zusammenlegen und die Kanten bis 11 cm vor den beiden runden Enden zusammennähen.
- ④ Teil B mit der rechten Seite nach oben legen. Die Enden der Henkel laut Foto auf die Markierungen legen.
- Feststeppen. Der Rundung des Henkelendes folgen. Die Naht dort enden lassen, wo die vorhandene Naht endet.

Wiske II

- ⑤ Gurtband laut Foto auf das fertige Teil B legen.
- ⑥ In der Mitte des Stoffteils beginnen und wieder enden. Aus dem Stückchen Köperband einen Tunnel falten, der ebenso breit ist wie das Gurtband. Diesen Tunnel über die beiden nicht versäuberten Gurtbandenden schieben, damit sie verdeckt sind.

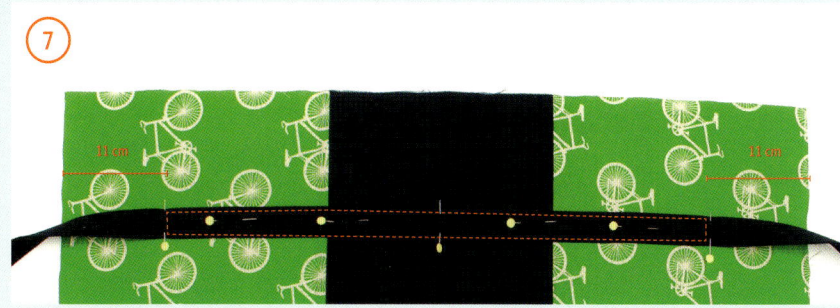

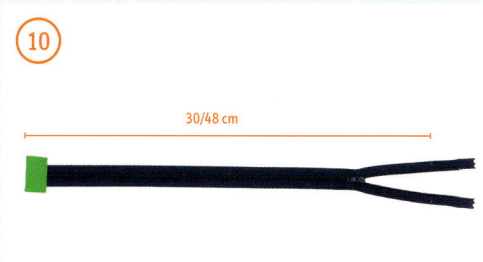

- ⑦ Das Gurtband anschließend auf den Außenstoff nähen. Je eine Stecknadel laut Foto als Markierung je 11 cm von der linken bzw. der rechten Kante entfernt einstechen und das Gurtband zwischen diesen beiden Markierungspunkten knappkantig aufnähen. Mit dem unteren Teil des Gurtbands wiederholen.

REISSVERSCHLUSS

- Vom Reißverschluss das Kunststoffende abschneiden.
- ⑧ Ein Teil E mit der rechten Seite nach oben legen. Den Reißverschluss (mit dem abgeschnittenen Ende) rechts auf rechts darauflegen. Darauf kommt ein Teil E' mit der rechten Seite nach unten. Die drei Kanten liegen bündig aufeinander.

- ⑨ Die 3 Lagen 0,5 cm von der Kante entfernt aneinander nähen. Die Teile E und E' umfalten.
- Nochmals 2 mm von der Falte entfernt steppen.
- ⑩ Vom Ende des Reißverschlusses 30 cm (Wiske I) bzw. 48 cm (Wiske II) abmessen. Diesen Punkt markieren. Reißverschluss öffnen.
- Am markierten Punkt abschneiden.
- Den zweiten Schritt am anderen Ende des Reißverschlusses wiederholen.
- ⑪ Jetzt sind die Reißverschlussenden fertig. Dieses ganze Teil muss insgesamt 32 cm (Wiske I) bzw. 50 cm (Wiske II) lang sein.

Tipp: Wenn die Tasche Innenfächer bekommen soll, werden diese jetzt auf die Teile B' genäht. Anleitungen zum Nähen der unterschiedlichen Innenfächer finden Sie ab Seite 150.

TASCHE FERTIGSTELLEN

- ⑫ Teil B mit der rechten Seite nach oben legen. Den Reißverschluss rechts auf rechts darauflegen. Darauf kommt Teil B' mit der rechten Seite nach unten. Die Stoffkanten müssen genau bündig auf der Reißverschlusskante liegen.
- Mit dem Reißverschlussfuß die drei Teile 0,75 cm von der Kante entfernt zusammennähen. Auffalten und die beiden Stoffteile links auf links aufeinanderlegen.

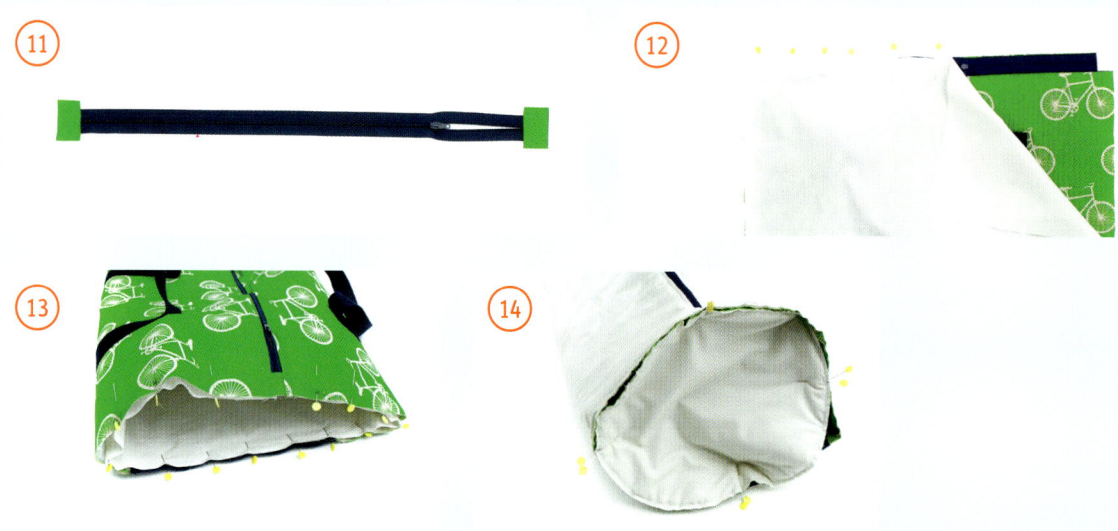

- Vorsichtig am Reißverschluss entlangbügeln. Knappkantig neben dem Reißverschluss steppen.
- Diesen Arbeitsschritt an der anderen Stoffkante wiederholen. Nun liegt ein Zylinder vor Ihnen.
- ⑬ Die Enden des Zylinders rundherum 0,5 cm von der Kante entfernt absteppen, dabei der Rundung folgen. Diese Hilfsnaht wird später vom Schrägband verdeckt.
- Markierungspunkte übertragen: Die Rundung des Zylinders in 4 gleich große Teile teilen und an der Reißverschlusslinie beginnen. Der Punkt am Reißverschluss ist Punkt a. Im Uhrzeigersinn folgen dann die Punkte b, c und d. Den Zylinder wenden, sodass der Innenstoff außen liegt.
- Ein Teil A' links auf links auf ein Teil A legen. Rundherum 0,5 cm von der Kante entfernt entlangsteppen (Hilfsnaht), dabei der Rundung folgen. Mit den beiden anderen Teilen A und A' wiederholen.

Auf diesen Teilen jetzt die Markierungspunkte a, b und c wie auf dem Schnittmuster einzeichnen. Bei gemustertem Stoff müssen Punkt a oben und Punkt c unten liegen.

- Soll die Tasche rundherum eine Paspel bekommen (hier Wiske I), wird das Paspelband nun aufgenäht. Das Paspelband mit Stecknadeln an den beiden Teilen A+A' an der Seite des Außenstoffs rundherum feststecken. Nach der Anleitung auf Seite 148 arbeiten.
- ⑭ Ein Teil A+A' mit Stecknadeln auf Teil B+B' (Zylinder) feststecken, dabei liegen die Außenstoffe aufeinander. Die vier Markierungspunkte müssen genau aufeinander liegen.
- Anschließend Teil A+A' mit Stecknadeln an Teil B+B' feststecken und zusammennähen, dabei der Rundung folgen. Die Tasche Wiske I bekommt unten einen stumpfen Winkel. Daher darf beim Steppen nicht einfach der Rundung gefolgt werden.

Tipp: Verwenden Sie hierzu Garn in der Farbe des Innenstoffs. So fällt diese Naht beim Aufnähen des Schrägbands nicht so sehr auf.

- Diese eben genähte Naht ist an der Innenseite nicht versäubert. Sie wird von einem Schrägband verdeckt. Nach der Anleitung auf Seite 147 arbeiten.
- Diese Arbeitsschritte an der anderen Seite der Tasche wiederholen. Der Reißverschluss muss unbedingt offen bleiben, sonst kann die Tasche nicht mehr gewendet werden.
- Sobald alles genäht ist, die Tasche durch die Reißverschlussöffnung wenden.

FERTIG!

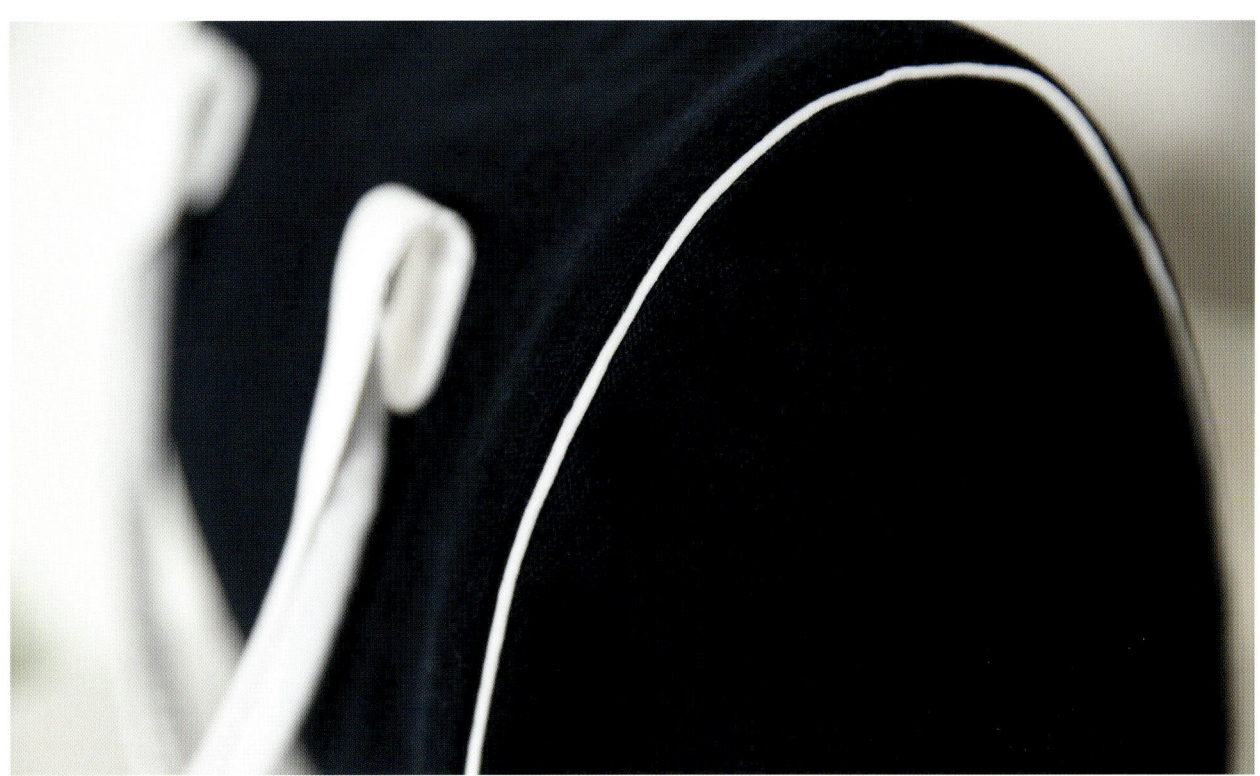

Eigene Varianten

- Hier wurden zwei völlig verschiedene Taschen auf die gleiche Art und Weise genäht. Variieren Sie selbst die Form der Teile A und die Maße von Teil B (oder B+C+B). Dazu zeichnen Sie erst die Form der Teile A und dann die Nahtlinie (gestrichelt) 1 cm von der Kante entfernt ein. Messen Sie den Umfang der Nahtlinie. Zu diesem Wert rechnen Sie noch 0,5 cm hinzu (entspricht 2x 0,75 cm als Nahtzugabe für den Reißverschluss minus 1 cm, da der Reißverschluss Platz einnimmt). Diese neue Länge entspricht der Länge von Schnittmusterteil B in einem Stück wie bei Wiske I.

- Wenn Sie gerne einen langen Schulterriemen haben möchten, wie z. B. bei Wiske II, dann nähen Sie an jedem Reißverschlussende eine Schlaufe mit einem D-Ring. Nähen Sie einen langen verstellbaren Henkel (siehe Anleitung Seite 156) mit zwei Karabinerhaken, die Sie in die D-Ringe einhängen können.

- Auch Lederhenkel sind perfekt für diese Art von Taschen. Befestigen Sie den Lederhenkel, wenn die Tasche fertig ist. Dazu verwenden Sie am besten einige Hohlnieten. So bekommt die Tasche einen professionellen Touch. Dabei nach der Anleitung auf Seite 157 arbeiten.

- Bei Wiske II kann zwischen den Gurtbandnähten noch ein zusätzliches Fach auf die Taschenaußenseite genäht werden. Dieses Fach steppen Sie gleich zu Anfang auf ein Teil B (genau mittig). Arbeiten Sie hierzu nach der Anleitung bei Lena auf Seite 86.

- Bei Wiske II können Sie auch zwei Stücke Gurtband anstelle eines langen Stücks verwenden. Diese Stücke (jeweils etwa 90 cm lang) werden ganz zu Anfang auf die Teile B genäht. Legen Sie das Gurtband dazu genauso auf, wie es in der Anleitung beschrieben ist. Wenn dann das Teil B+C+B gesteppt wird, wird das Gurtband in die Nähte zwischen den Teilen B und C eingenäht.

- Wiske II kann natürlich auch aus einem einzigen Stoff und nicht aus zwei verschiedenen Außenstoffen genäht werden. Dann schneiden Sie aus dem Außenstoff ein Teil mit den Maßen von B'.

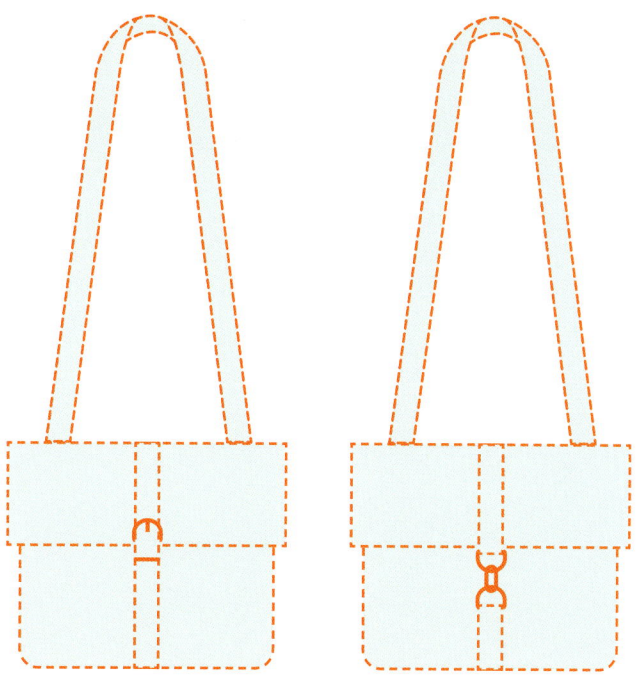

Leonie

Wenn Klappe und Tasche miteinander verschmelzen

Leger, robust oder elegant – die Tasche erhält ihren besonderen Charakter durch das Muster des Stoffs.

Was brauchen Sie?

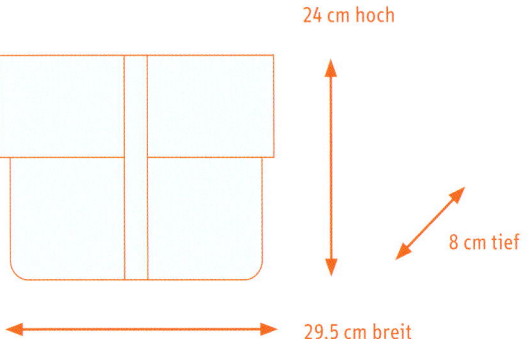

24 cm hoch
8 cm tief
29,5 cm breit

Leonie I (Dreiecke)

STOFF UND VLIESELINE

- 35 cm Außenstoff 1 (bedruckt)
- 30 cm Außenstoff 2 (einfarbig)
- 30 cm Innenstoff
- 28 cm Vlieseline H640
- 13 cm Bügelvlies

ZUBEHÖR

- Gurtband, 100 bis 120 cm lang (für einen nicht verstellbaren Schultergurt)
- farblich passendes Nähgarn
- Gurtband für den kurzen Gurtteil, 12 cm lang
- Gurtband für den langen Gurtteil, 41,5 cm lang
- D-Ring (genau so breit wie das Gurtband)
- Karabinerhaken (genau so breit wie das Gurtband)

Leonie II (Wellen)

STOFF UND VLIESELINE

- 35 cm Außenstoff 1 (einfarbig)
- 30 cm Außenstoff 2 (bedruckt)
- 30 cm Innenstoff
- 28 cm Vlieseline H640
- 13 cm Bügelvlies

ZUBEHÖR

- Gurtband, 100 cm - 120 cm lang (für einen nicht verstellbaren Schultergurt)
- farblich passendes Nähgarn
- Ledergurt mit Schnalle, 60 cm lang

Vorbereitung

Außenstoff 1

A

A

Außenstoff 2

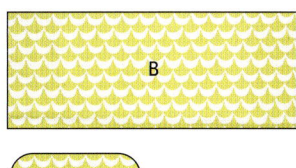

Innenstoff

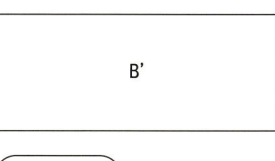

STOFF UND VERSTÄRKUNG NACH DEN SCHNITTMUSTERTEILEN AUF DEM SCHNITTMUSTERBOGEN ZUSCHNEIDEN
● **(DUNKELGRAU)**

- **Außenstoff 2:** 1x Teil C (Boden)
- **Innenstoff:** 1x Teil C' (Boden)
- **Vlieseline H640:** 1x Teil C nach Schnittmuster zuschneiden, ringsum etwa 0,5 cm kleiner

STOFF UND VERSTÄRKUNG NACH DEN ANGEGEBENEN MASSEN ZUSCHNEIDEN (BREITE X HÖHE)

- **Außenstoff 1:** 2x Teil A = 62,8 cm x 15 cm
- **Außenstoff 2:** 1x Teil B = 62,8 cm x 25 cm
- **Innenstoff:** 1x Teil B' = 62,8 cm x 25 cm
- **Vlieseline H640:** 1x Rechteck à 61,8 cm x 24,5 cm (Verstärkung Teil B)
- **Bügelvlies:** 1x Rechteck à 62,8 cm x 13 cm (Verstärkung für ein Teil A)

VLIESELINE AUFBÜGELN

- Vlieseline auf Teil C bügeln.
- Die Verstärkungen der Teile A und B werden erst zu einem späteren Zeitpunkt aufgebügelt.

MARKIERUNGEN AUF DEN STOFF ÜBERTRAGEN

- Die Punkte a, b und c wie auf dem Schnittmuster auf die Teile C und C' übertragen.

Leonie

Nähen (1 cm von der Kante entfernt nähen, sofern nicht anders angegeben)

Bei dieser Anleitung werden Fotos von Leonie I und II verwendet. In der Ecke der Fotos ist die jeweilige Version angegeben. Die allgemeine Beschreibung gilt für beide Taschen.

Tipp: Wenn die Tasche Innenfächer bekommen soll, werden diese gleich zu Beginn auf das Teil B' genäht. Anleitungen zum Nähen der unterschiedlichen Innenfächer finden Sie ab Seite 150.

SCHULTERGURT BEFESTIGEN

- ① Ein Teil A mit der rechten Seite nach oben legen. Wenn der verwendete Stoff gemustert ist, muss das Muster kopfüber liegen. Die Enden des Schultergurts bündig auf die Stoffkante legen (siehe Markierung auf dem Foto), dabei zeigt die rechte Seite nach unten. Die nicht versäuberte Seite des Schultergurts liegt dabei bündig auf der Schnittkante des Stoffs. An der anderen Seite von Teil A wiederholen.
- Der Schultergurt darf zwischen seinen beiden Enden nicht verdreht sein. Die Enden 0,5 cm von der Kante entfernt festnähen. Diese Hilfsnaht ist später nicht mehr zu sehen.
- ② Den Schultergurt an den auf dem Foto eingezeichneten Linien festnähen.

AUFRECHTEN TEIL MIT KLAPPE NÄHEN

- ③ Teil B waagerecht mit der rechten Seite nach oben legen. Ein gemusterter Stoff wird so gelegt, wie das Muster auf der fertigen Tasche zu sehen sein soll. Teil A aus dem vorherigen Arbeitsschritt mit der rechten Seite nach unten bündig auf die obere Kante legen. Die lange Seite von Teil A mit dem Schultergurt liegt bündig auf der oberen Kante von Teil B. Der Schultergurt befindet sich hierbei zwischen den beiden Stoffteilen.
- Die obere lange Seite steppen. Die 2 Teile auffalten, den Schultergurt auf Teil A legen und die Naht nach unten in die Verlängerung des Schultergurts bügeln. Teil B knappkantig neben der Naht steppen.
- Den gesamten Arbeitsschritt mit den beiden anderen Teile A und B' wiederholen.
- ④ Vlieseline H640 und Bügelvlies auf das Teil A+B aufbügeln. Damit die Klappe bei der fertigen Tasche schön nach unten fällt, wird die Vlieseline nur auf Rechteck B und nur 1 cm über der Naht auf Rechteck A gebügelt. Auf den restlichen Bereich von Rechteck A das Bügelvlies aufbügeln.
- ⑤ Den D-Ring auf das kurze Gurtstück schieben und dieses 4 cm um das gerade Stück des D-Rings falten. Mit dem umgeschlagenen Teil nach unten senkrecht in die Mitte von Teil B legen, dabei liegt die nicht versäuberte Seite des Gurts an der Stoffkante.
- ⑥ Das kurze Gurtstück knappkantig feststeppen. Unten beginnen und drei Seiten eines Rechtecks bis 1,5 cm an den D-Ring nähen.

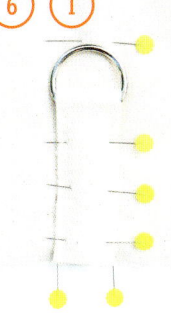

Tipp: Bei einem Ledergürtel 12 cm an der Seite mit der Schnalle abschneiden (Schnalle wird nicht mitgemessen). Dieses Gürtelstück ebenso wie das Gurtband mit D-Ring befestigen. Kleben Sie den Gürtel mit Washi-Tape auf den Stoff. Stecknadeln lassen sich nur schwer durch Leder stechen und hinterlassen kleine Löcher. Sie nähen über das Tape und ziehen es anschließend einfach ab. Mit einer Ledernadel knappkantig feststeppen.

- Die beiden kurzen Seiten des zusammengenähten Teils A+B aufeinanderlegen, dabei liegen die beiden rechten Seiten innen. Beide Lagen an der kurzen Seite zusammennähen.
- Die Naht aufbügeln.
- Für das Teil A+B' wiederholen, jedoch eine Wendeöffnung von etwa 10 cm lassen.

Leonie

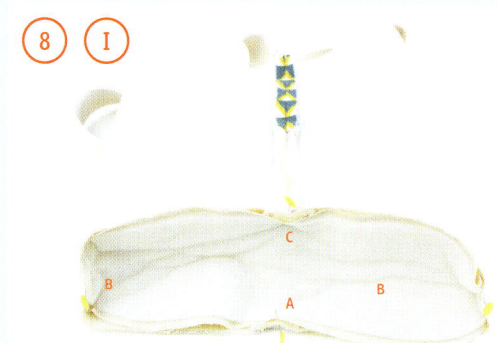

GURT MIT DEM KARABINERHAKEN BEFESTIGEN

- ⑦ Den aufrechten Teil A+B auf rechts wenden. Den Karabinerhaken über das lange Gurtstück schieben und dieses 4 cm umfalten. Diesen Gurt mit dem umgeschlagenen Teil nach unten über die Naht des aufrecht stehenden Teils A+B in derselben Richtung legen. Den nicht versäuberten Teil des langen Gurts unten auf den aufrechten Teil legen; dabei muss die senkrechte Naht von Teil A+B über die gesamte Länge mittig unter dem Gurt liegen.

Wenn der Ledergurt eine Schnalle hat, muss das Ende mit der Schnalle 7 bis 12 cm über die Stoffkante hinausragen. ⑦

- Knappkantig an der Kante des Stoff- oder Ledergurts entlang steppen. Achtung! Der Stoff ist bereits ein Tunnel, also nur durch eine einzige Stofflage nähen. Unten beginnen und anschließend drei Seiten eines Rechtecks bis 2 cm an die obere Kante steppen.

BODEN BEFESTIGEN

- Wenn der Taschenboden eine Paspel bekommen soll, dann wird das Paspelband jetzt aufgenäht. Das Paspelband mit Stecknadeln rund um das Teil C feststecken. Nach der Anleitung auf Seite 148 arbeiten.
- Das aufrechte Teil A+B wieder auf links wenden (die rechte Stoffseite zeigt nach innen). Den Tunnel flach legen, sodass die Naht genau in der Mitte liegt. Auf diesem Teil an der unteren Kante die folgenden Markierungspunkte kennzeichnen:
  > Naht hinten = Punkt c
  > an der Vorderseite, der Naht gegenüber = Punkt a
  > Falten links und rechts (wenn Punkt c auf Punkt a liegt) = Punkte b

- ⑧ Teil C mit Stecknadeln in den Markierungspunkten a, b und c an Teil B stecken, dabei liegen die rechten Seiten aufeinander.
- Anschließend mit Stecknadeln rundherum feststecken, dabei der Rundung folgen. Feststeppen.
- Mit den Teilen A+B' und C' wiederholen.

TASCHE FERTIGSTELLEN

- Sie haben jetzt eine innere Tasche und eine äußere Tasche. Die äußere Tasche bleibt auf links. Die innere Tasche auf rechts wenden. Die innere Tasche in die äußere Tasche stecken, dabei liegen die rechten Seiten aufeinander. Oben mit Stecknadeln rundherum feststecken. Dabei müssen alle Gurtteile (in der Tasche) verborgen sein und die rückwärtigen Nähte der äußeren und der inneren Tasche bündig aufeinander liegen. Feststeppen und eine Wendeöffnung lassen.
- Die Tasche wenden und an der oberen Kante knappkantig absteppen. Wendeöffnung mit Blindstichen schließen (siehe Seite 149).

FERTIG!

Eigene Varianten

- Die Tasche wird breiter, wenn Sie das ovale Teil C vergrößern. Dazu messen Sie den Umfang der Nahtlinie des neuen Teils C, damit die neue Länge der Teile A und B bestimmt werden kann. Diese Länge = Umfang + 2 cm Nahtzugabe.
- Verwenden Sie Henkel aus Stoff anstelle des Gurtbands. Arbeiten Sie dazu nach der Anleitung auf Seite 155 oder nähen Sie einen verstellbaren Henkel nach der Anleitung auf Seite 156.
- Ohne Boden kann die Tasche völlig anders aussehen. Nähen Sie den Tunnel aus den Teilen A und B. Bei dem Arbeitsschritt, wenn Sie die Markierungspunkte anbringen (bei ovalem Boden) und der Tunnel flach mit der rückwärtigen Naht genau in der Mitte hingelegt wird, nähen Sie die untere Kante des Tunnels zu (Markierungspunkte müssen Sie in diesem Fall nicht kennzeichnen). Nähen Sie Ecken in die Tasche wie bei Augustine (siehe Seite 97). So erhalten Sie ein eher rechteckiges Modell.

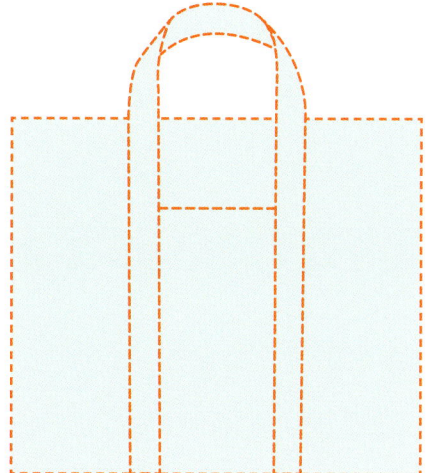

Lena

Mit einer XXL-Tasche unterwegs

Ob Sie shoppen gehen möchten oder einen Ausflug ans Meer planen, eine Tasche kann nie groß genug sein.

Was brauchen Sie?

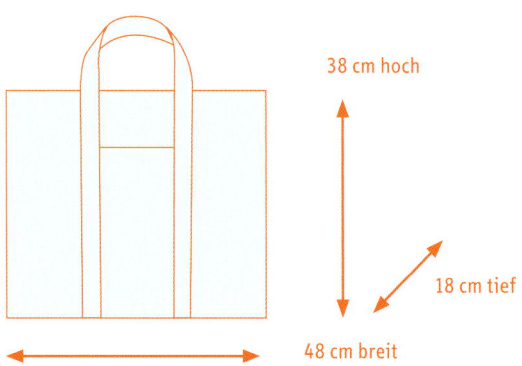

38 cm hoch
18 cm tief
48 cm breit

Lena I (gelb mit Reißverschluss)

STOFF UND VLIESELINE

- 100 cm Außenstoff*,[1,2]
- 110 cm Innenstoff[1,4]
- 125 cm Vlieseline H640
- 20 cm Vlieseline H630

ZUBEHÖR

- Reißverschluss, 60 cm lang
- farblich passendes Nähgarn
- für den Taschenboden: Stück Platzset aus Kunststoff oder ein anderes steifes Material, durch das Sie hindurchnähen können, à 18 cm x 48 cm

Lena II (Vögel)

STOFF UND VLIESELINE

- 95 cm Außenstoff**,[4]
- 95 cm Innenstoff[1,3]
- 50 cm Vlieseline H640
- Decovil light: 18 cm x 124 cm

ZUBEHÖR

- Gurtband, 2x 125 cm lang
- farblich passendes Nähgarn
- kleines Fach vorne: Reißverschluss, 25 cm lang
- für den Taschenboden: Stück Platzset aus Kunststoff oder ein anderes steifes Material, durch das Sie hindurchnähen können, 18 cm x 48 cm

* Inkl. Stoff für die zwei kleinen Fächer außen auf der Tasche + inkl. Henkel aus Stoff
** Inkl. Stoff für das Reißverschlussfach vorne an der Tasche

[1] für 140 cm Stoffbreite
[2] Teile A, B und H um 90° drehen
[3] Teil B' um 90° drehen
[4] Wenn für Teil B/B' zwei Stücke geschnitten werden (2x 20 cm x 64 cm), brauchen Sie nur 85 cm (siehe Tipp auf Seite 84).

Tipp: Bei Lena II wird Teil B, also der Seitenstreifen der Tasche, mit Decovil light verstärkt. So wird die Tasche noch stabiler. Dies ist auf jeden Fall zu empfehlen, wenn die Tasche beispielsweise als Einkaufstasche verwendet werden soll.

Vorbereitung

Lena I Außenstoff

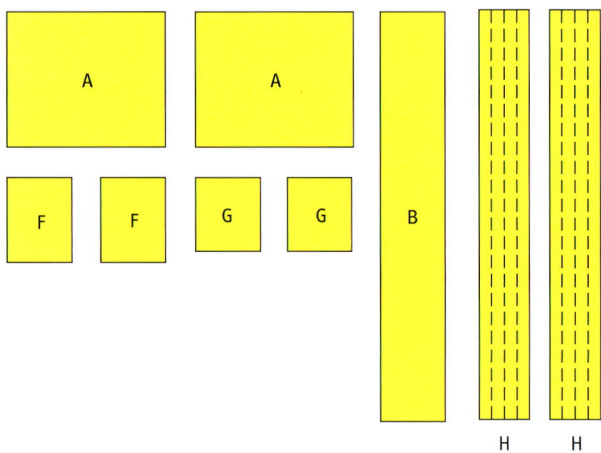

Lena I Innenstoff

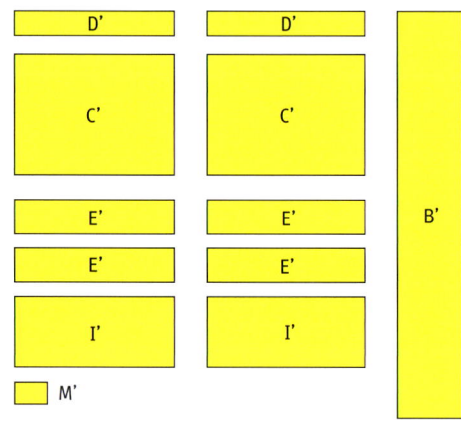

STOFF UND VERSTÄRKUNG NACH DEN ANGEGEBENEN MASSEN ZUSCHNEIDEN (BREITE X HÖHE)

Lena I

- **Außenstoff:** 2x Teil A (Vorder- und Rückenteil) = 50 cm x 40 cm, 1x Teil B (Seitenstreifen) = 20 cm x 126 cm, 2x Teil H (Henkel) = 14 cm x 125 cm
- **Innenstoff:** 1x Teil B' = 20 cm x 126 cm, 2x Teil C' = 50 cm x 36 cm, 2x Teil D' = 50 cm x 6 cm, 4x Teil E' (Reißverschlussstreifen) = 50 cm x 10,5 cm, 2x Teil I' (zusätzlicher Boden) = 50 cm x 20 cm, 1x Teil M' (Reißverschlussstopper) = 8 cm x 5 cm
- **Vlieseline H640:** 2x Rechteck à 49 cm x 39 cm (Verstärkung Teile A), 1x Rechteck à 19 cm x 125 cm (Verstärkung Teil B)
- **Vlieseline H630:** 2x Rechteck à 49 cm x 9,5 cm (Verstärkung für 2 Teile E')

Lena II

- **Außenstoff:** 2x Teil A (Vorder- und Rückenteil) = 50 cm x 40 cm, 1x Teil B (Seitenstreifen) = 20 cm x 126 cm
- **Innenstoff:** 2x Teil A' = 50 cm x 40 cm, 1x Teil B' = 20 cm x 126 cm, 2x Teil I' (zusätzlicher Boden) = 50 cm x 20 cm
- **Vlieseline H640:** 2x Rechteck à 49 cm x 39 cm (Verstärkung Teile A)
- **Decovil light:** 1x Rechteck à 18 cm x 124 cm (Verstärkung Teil B)

Tipp: Wenn Sie Stoff sparen und/oder die Richtung des Musters berücksichtigen möchten, können Sie den langen Streifen B auch in zwei Teilen zuschneiden. Nähen Sie also zwei Streifen mit den Maßen 20 cm x 64 cm zu einem Streifen B zusammen.

Lena II Außenstoff

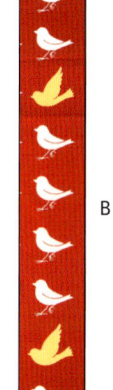

Lena II Innenstoff

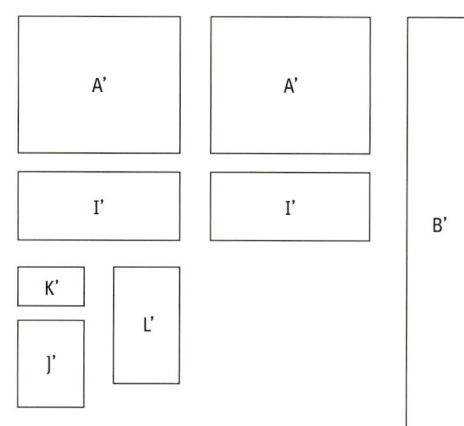

STOFF FÜR DIE AUSSENFÄCHER

Lena I

- Fach vorne an der Tasche: 2x Teil F = 20 cm x 26 cm
- Fach an der Seite: 2x Teil G = 20 cm x 22 cm

Lena II

- Reißverschlussfach vorne an der Tasche:
  > **Außenstoff:** 1x Teil J = 20 cm x 26 cm, 1x Teil K = 20 cm x 10 cm
  > **Innenstoff:** 1x Teil J' = 20 cm x 26 cm, 1x Teil K' = 20 cm x 10 cm, 1x Teil L' = 20 cm x 35 cm

---

Tipp: Wenn Sie einen Stoff mit großem Muster verwenden, ist es praktisch, diese Teile links und rechts etwas breiter zuzuschneiden (etwa 2 cm pro Seite). Später schneiden Sie diese zurecht.

VLIESELINE AUFBÜGELN

- Vlieseline/Decovil auf die beiden Teile A und Teil B aufbügeln, und für Lena I auf zwei der vier Teile E'.

Nähen (1 cm von der Kante entfernt nähen, sofern nicht anders angegeben)

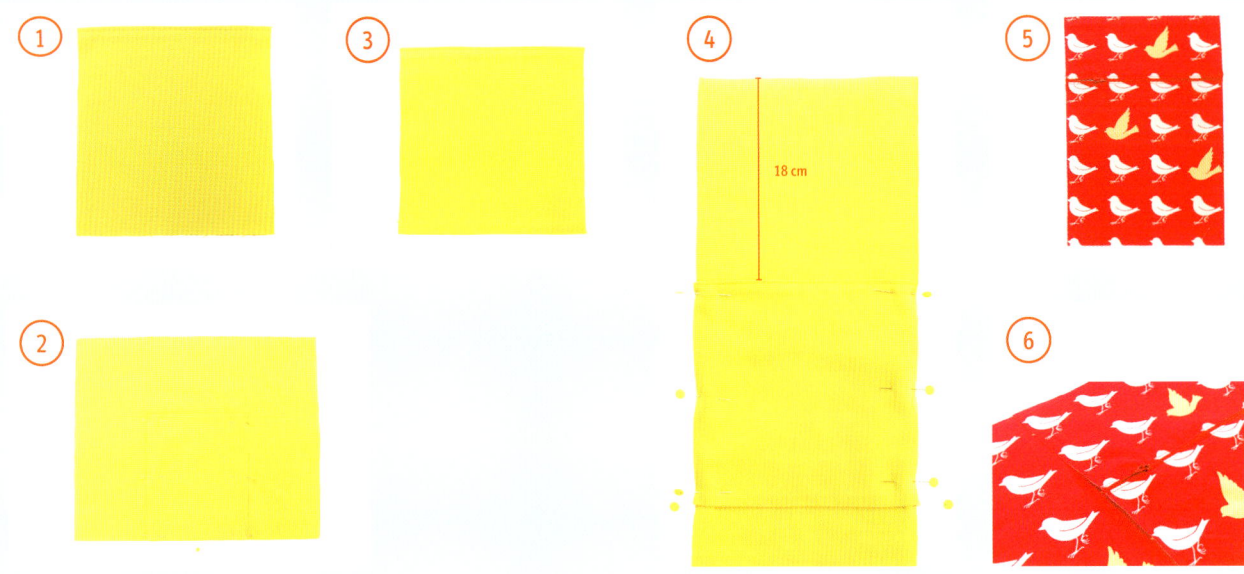

FÄCHER AUSSEN AN DER TASCHE
Lena I

- Fach vorne an der Tasche mit beiden Teilen F arbeiten.
  > ① Die beiden Teile F rechts auf rechts aufeinander legen und an einer kurzen, 20 cm langen Seite mit Stecknadeln zusammenstecken. Feststeppen, auffalten und links auf links wieder zusammenlegen. Falte bügeln. Am Rand entlangsteppen.
  > ② Dieses Fach mit der rechten Seite genau in die Mitte auf ein Teil A und die untere Kante bündig mit der unteren Kante von Teil A legen.
  > Fach links und rechts 0,5 cm von der Kante entfernt feststeppen. Später decken die Taschenhenkel die nicht versäuberten Kanten des Fachs ab.

- Fach an der Seite mit den beiden Teilen G arbeiten.
  > ③ Die beiden Teile G rechts auf rechts aufeinanderlegen. An den beiden kurzen Seiten entlangsteppen. Auf rechts wenden und bügeln. Eine der kurzen Seiten knappkantig absteppen. Die andere kurze Seite wird später auf der Tasche mitgesteppt.
  > ④ Das Fach (mit der mitgesteppten Kante nach oben) nach den Maßangaben auf dem Foto auf die rechte Seite von Teil B legen.
  > Fach links, unten und rechts 0,5 cm von der Kante entfernt festnähen.

Lena II

- Reißverschlussfach vorne an der Tasche
  > Teil J mit der rechten Seite nach oben legen. Den Reißverschluss rechts auf rechts darauflegen. Darauf kommt Teil J' mit der rechten Seite nach unten. Die oberen Kanten müssen bündig liegen. Die drei Lagen 0,75 cm von der Kante entfernt aneinander nähen.
  > Umfalten und bügeln. Nochmals knappkantig am Reißverschluss entlangsteppen (mit dem Reißverschluss dazwischen durch beide Stofflagen hindurch).
- Die beiden letzten Arbeitsschritte für die Teile K und K' wiederholen.
  > ⑤ Den Reißverschluss öffnen und bündig mit den Kanten abschneiden. Mit Zickzackstichen den offenen Teil des Reißverschlusses absteppen. So bleibt der Reißverschluss bei den folgenden Arbeitsschritten geschlossen.

Tipp: Bei dieser Ausführung sind die Stoffstücke breiter geschnitten als in der Liste der zuzuschneidenden Stoffteile angegeben. So kann der Musterverlauf beim Positionieren des Fachs auf der Tasche besser berücksichtigt werden, damit das Muster des Fachs genau richtig an das Muster der Vorderseite anschließt. Reißverschluss so auf Teil A legen, dass das Muster perfekt passt. Markieren, wo die Mitte des Henkels verläuft. Überschüssigen Stoff abschneiden. ⑥

> ⑦ Rückseite des Reißverschlussfachs nähen. Das eben zusammengenähte Reißverschlussteil mit der rechten Seite nach oben legen. Darauf kommt rechts auf rechts das Teil L'. Obere Kante absteppen, umfalten und bügeln. An der oberen Kante knappkantig entlangsteppen.

> Dieses fertig genähte Fach in die Mitte eines großen Teils A legen, die Unterkanten liegen bündig aufeinander. Die langen Seiten 0,5 cm von der Kante entfernt steppen. Später kommen die Henkel darüber und verdecken die nicht versäuberten Kanten des Reißverschlussfachs.

HENKEL
Lena I

- Henkel aus Stoff:
  ⑧ Mit den Teilen H nach der Anleitung auf Seite 155 arbeiten. Hinweis: Hier werden die Henkel noch nicht über die gesamte Länge gesteppt. Da die Henkel später auf der Tasche festgenäht werden, wird jetzt nur das Teil genäht, das nicht auf die Tasche genäht wird. Daher 35 cm von einem Ende entfernt anfangen zu nähen und 35 cm vor dem anderen Ende aufhören. Auf diese Weise ist auf dem Taschenteil nur eine einzige Nahtlinie zu sehen. Die zwei 35 cm langen „Enden" werden im nächsten Arbeitsschritt auf die Tasche genäht.

HENKEL AUF VORDER- UND RÜCKSEITE STEPPEN

- ⑨ Die Henkel (Stoffhenkel bei Lena I oder Gurtband bei Lena II) mit Stecknadeln auf die Teile A stecken, dabei genau auf die Maßangaben auf dem Foto achten. Ist ein Fach auf den Teilen A angebracht, rahmen die Henkel dieses Fach ein. Die Henkel links und rechts aufnähen. Hierzu der Nahtlinie auf dem Foto folgen.

REISSVERSCHLUSS IN DER TASCHE (LENA I)

- ⑩ Das Reißverschlussteil aus den vier Teilen E' nach der Anleitung auf Seite 164 arbeiten.

- ⑪ Dieses Reißverschlussteil kommt zwischen die beiden Innenstoffteile C' und D'. Ein Teil D' mit der rechten Seite nach oben legen. Das Reißverschlussteil rechts auf rechts darauflegen. Darauf kommt ein Teil C' mit der rechten Seite nach unten. Das Reißverschlussteil muss genau mittig liegen.

- Die drei Lagen zusammennähen.

- ⑫ An der anderen Seite des Reißverschlussteils wiederholen.

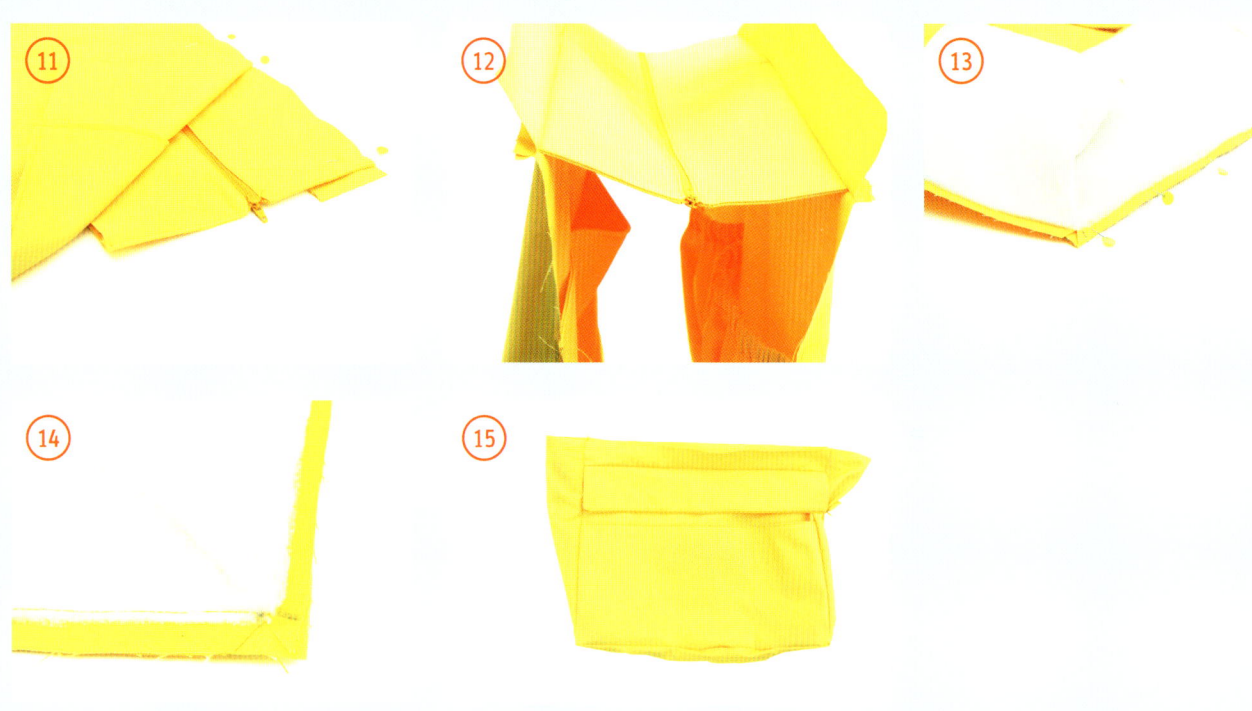

ÄUSSERE UND INNERE TASCHE NÄHEN
Äußere Tasche

- Teil B rechts auf rechts auf die kurze Seite eines Teils A legen. Die obere und die rechte Seitenkante bündig legen („links' und ‚rechts' wird wie die Orientierung auf dem Zuschneideplan verwendet). Diese Seitenkante mit Stecknadeln feststecken.
- Das Maßband senkrecht auf diese Teile legen und von der rechten unteren Ecke von Teil A (unten liegend) 1 cm nach oben abmessen. An dieser Stelle einen Strich auf Teil B einzeichnen. Diesen Strich auch an der linken Seitenkante (gegenüberliegende Kante) von Teil B einzeichnen.
- ⑬ Einen schrägen Schnitt in Teil B ab der unteren Ecke (von Teil A) bis kurz unter den Strich setzen. Teil A dabei nicht einschneiden.
- Die mit Stecknadeln fixierte Seite bis an den Einschnitt nähen. Faden vernähen und abschneiden.
- Das lose Teil B in einem Winkel von 90° nach links falten und das Teil in Verlängerung zur Unterseite von Teil A legen. Mit Stecknadeln feststecken.
- ⑭ Das Maßband waagerecht auf diese Teile legen und ab der linken unteren Ecke von Teil A 1 cm nach rechts abmessen. An dieser Stelle einen Strich auf Teil B einzeichnen. Diesen Strich auch an der gegenüberliegenden Kante von Teil B einzeichnen. Die mit Stecknadeln befestigte Unterseite vom ersten bis zum zweiten Schnitt steppen. Faden vernähen und abschneiden.
- Das lose Teil B in einem Winkel von 90° nach oben falten und das Teil in der Verlängerung zur linken Seite von Teil A legen. Mit Stecknadeln feststecken und steppen.
- Für das andere Teil A wiederholen. Dabei müssen die eingezeichneten Striche mit 1 cm Abstand von der Ecke übereinander liegen.

Innere Tasche

- ⑮ Die innere Tasche ebenso nähen wie die äußere Tasche. Für Lena I werden die Teile C'+D'+E' und Teil B' verwendet. Für Lena II die Teile A' und B' verwenden. Unten eine Wendeöffnung (20 cm) offen lassen. Ein eventueller Reißverschluss bleibt offen.

TASCHE FERTIGSTELLEN

- Äußere Tasche mit der rechten Seite nach innen wenden, die innere Tasche mit der rechten Seite nach außen. Die innere Tasche in die äußere Tasche schieben und darauf achten, dass die vier Nähte genau aufeinander liegen. Die Taschen oben mit Stecknadeln aneinander feststecken und rundherum steppen.
- Die Tasche durch die Wendeöffnung in der inneren Tasche wenden. An der oberen Kante knappkantig entlangsteppen. Wendeöffnung mit Blindstichen schließen (siehe Seite 149).

BODEN DER TASCHE

- Die beiden Teile I' und das Stück Platzset verwenden.
- Die Teile I' rechts auf rechts aufeinander legen und die beiden langen Seiten und eine kurze Seite steppen. Durch die offene kurze Seite wenden.
- Bügeln und das Stück vom Platzset durch die Öffnung zwischen die aufeinander genähten Teile I' schieben. Wenn das etwas schwierig ist, das Stück kleiner schneiden.
- Die Nahtzugabe (1 cm) der kurzen offenen Seite nach innen falten und mit Haarklammern befestigen.
- Rundherum knappkantig nähen, dabei der Rundung folgen. Eine dickere Nadel verwenden, da jetzt auch durch das Platzset gesteppt wird.
- Den Taschenboden zur Verstärkung unten in die Tasche legen.

FERTIG!

Eigene Varianten

- Dies ist eine sehr große und geräumige Tasche! Soll die Tasche lieber kleiner oder nicht so tief werden, können Sie das Schnittmuster einfach anpassen. Für eine weniger tiefe Tasche machen Sie Teil B schmaler, z. B. 12 cm anstelle von 20. Falls die Tasche einen Reißverschluss bekommen soll, müssen auch die Teile E' angepasst werden: 4x Streifen mit den Maßen 50 cm x 6,5 cm. Für eine kleinere Tasche können Sie beispielsweise alle Teile um 20 % verkleinern. Dann erhalten Sie die folgenden Maße:
  Teil A/A': 40 cm x 32 cm, Teil B/B': 16 cm x 100 cm.
  > Mit Reißverschluss: Teil C': 40 cm x 29 cm, Teil D': 40 cm x 5 cm, Teil E': 40 cm x 8,5 cm.
  > Falls erforderlich, müssen Sie auch die Maße der Innen- und Außenfächer anpassen. Sie können aus Lena auch eine besonders praktische Tasche machen, indem Sie verschiedene Innenfächer einsetzen. Arbeiten Sie hierzu nach der Anleitung auf Seite 150.
- Spielen Sie mit Farben und Stoffen; nähen Sie beispielsweise den Seitenstreifen B aus einem passenden einfarbigen Stoff. Oder setzen Sie mit den Außenfächern einen Akzent auf der Tasche, indem Sie einen anderen Stoff als den Außenstoff verwenden.
- Eine Paspel kann auch einen zusätzlichen Akzent auf der Tasche setzen. Nähen Sie das Paspelband auf die beiden Teile A. Arbeiten Sie nach der Anleitung auf Seite 148.

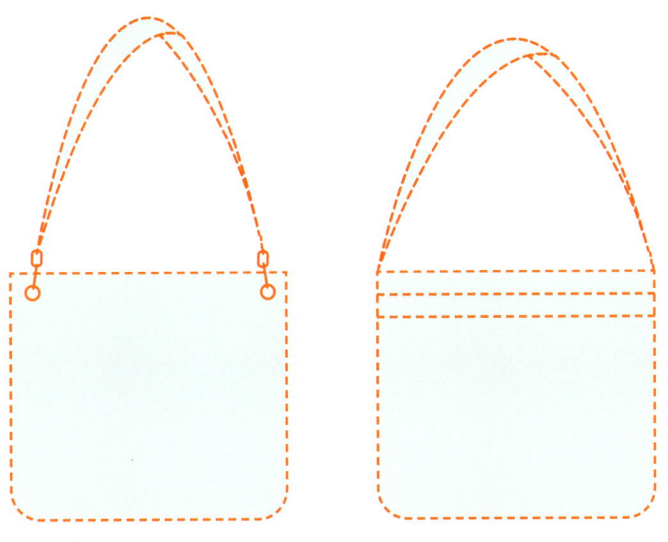

Augustine

Das Muster kommt hier ganz groß raus.

Über der Schulter oder in der Hand: Mit dieser Tasche sind Sie immer stilvoll unterwegs.

Was brauchen Sie?

Augustine I

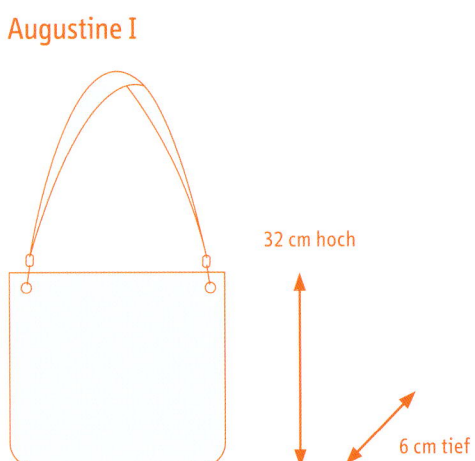

32 cm hoch
6 cm tief
38 cm breit

Augustine II

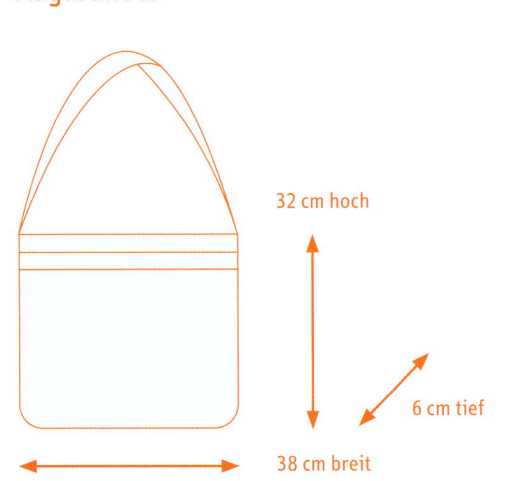

32 cm hoch
6 cm tief
38 cm breit

Augustine I (blau)

STOFF UND VLIESELINE

- 40 cm Außenstoff*
- 40 cm Innenstoff
- 35 cm Vlieseline H640

ZUBEHÖR

- farblich passendes Nähgarn
- Magnetverschluss
- 4 Ösenringe, ø min. 14 mm
- 2 nicht geschweißte O-Ringe, ø min. 3 cm
- Ledergurt
- Hohlnieten
- 2 Karabinerhaken

Augustine II (grün)

STOFF UND VLIESELINE

- 50 cm Außenstoff*,**
- 40 cm Innenstoff
- 35 cm Vlieseline H640

ZUBEHÖR

- farblich passendes Nähgarn
- Magnetverschluss
- Gurtband, 70 cm lang

* Wird Schulterriemen aus Stoff genäht: zusätzlich 16 cm Stoff
** Inkl. waagerecht auf die Tasche genähte Henkel

Vorbereitung

Außenstoff

 A  A

Innenstoff

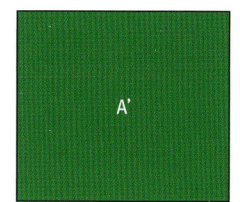 A' 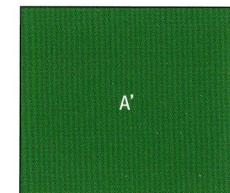 A'

* Augustine II

 B  B

STOFF UND VERSTÄRKUNG NACH DEN ANGEGEBENEN MASSEN ZUSCHNEIDEN (BREITE X HÖHE)

- **Außenstoff**: 2x Teil A = 40 cm x 35 cm (Vorder-/Rückenteil)
- **Innenstoff**: 2x Teil A' = 40 cm x 35 cm (Vorder-/Rückenteil)
- **Vlieseline H640**: 2x Rechteck à 39 cm x 34 cm (Verstärkung Teile A)
- **zusätzlich für Augustine II**: 2x Teil B = 40 cm x 12 cm (das sind die waagrechten Henkel auf Vorder- und Rückenteil)
- **bei Stoffhenkeln**: Rechteck, 16 cm x 70 cm

VLIESELINE AUFBÜGELN

Vlieseline auf die Teile A aufbügeln.

Nähen (1 cm von der Kante entfernt nähen, sofern nicht anders angegeben)

MAGNETVERSCHLUSS (AUGUSTINE I UND II)

- Wenn die Tasche einen Magnetverschluss bekommen soll, nach der Anleitung auf Seite 161 arbeiten.
- Das dünnere Teil des Magnetverschlusses kommt auf ein Teil A', das dickere Teil auf das andere Teil A'. Der Mittelpunkt des Verschlusses muss sich genau in der Mitte des Stoffs und 4 cm von der oberen Kante entfernt befinden.

HENKEL
Augustine I

- Mit Ledergurt, Hohlnieten und den zwei Karabinerhaken nach den Anleitungen auf Seite 156/157 arbeiten.

Augustine II
1) Henkel in die Seitennähte der Tasche eingenäht:

- Hierzu Gurtband verwenden oder einen Henkel aus einem Stoffrechteck à 16 cm x 70 cm nähen. Nach der Anleitung auf Seite 155 arbeiten.

2) Die waagerechten, auf Vorder- und Rückenteil gesteppten Henkel:

- Die beiden Teile B nach der Anleitung auf Seite 155 falten und bügeln, jedoch noch nicht über die gesamte Länge steppen. Nur die mittleren 20 cm absteppen. An beiden Enden 10 cm nicht nähen; diese Enden werden mitgenäht, sobald die Henkel auf die Tasche genäht werden.
- ① Einen (teilweise genähten) Henkel auf ein Teil A und 3 cm von der oberen Kante entfernt legen.

Tipp: Wenn der Druck des Stoffs wie bei Augustine II genau passen soll, schneiden Sie die Teile B etwas länger (z. B. 43 cm), um die richtige Position des Henkels einfacher festlegen zu können.

- ② Jetzt die Seitenkanten des Henkels (2x 10 cm) steppen. Damit wird der Henkel gleichzeitig auf Teil A genäht. Mit dem anderen Henkel und dem anderen Teil A wiederholen.

TASCHE FERTIGSTELLEN

- ③ Die beiden Teile A rechts auf rechts aufeinanderlegen. Die seitlichen Kanten und die untere Kante steppen. In die untere Kante zwei Winkel mit den Maßen 3 cm x 3 cm schneiden.
- ④ Diese Ecken mit Stecknadeln so feststecken, dass die untere und die seitliche Naht bündig liegen.
- Feststeppen.

Tipp: Wenn die Tasche Innenfächer bekommen soll, werden diese jetzt auf die Teile A' genäht. Anleitungen zum Nähen der unterschiedlichen Innenfächer finden Sie ab Seite 150.

- Diese Arbeitsschritte für die beiden Teile A' wiederholen. Nur eine etwa 10 cm große Wendeöffnung in der Unterseite der Tasche offen lassen.
- ⑤ Wenn Gurtband oder ein anderer fester Henkel vewendet wird, muss der Henkel jetzt mit Stecknadeln auf der Tasche aus Außenstoff festgesteckt werden. Die Enden des Henkels genau auf die obere Kante der Tasche mittig über die Seitennaht legen und 0,5 cm von der Kante steppen (Hilfsnaht).
- ⑥ Das Gurtband darf nicht verdreht liegen.
- ⑦ Äußere Tasche mit der rechten Seite nach innen wenden und die innere Tasche mit der rechten Seite nach außen. Die innere Tasche in die äußere Tasche schieben. Das eventuell aufgenähte Gurtband oder der Stoffhenkel muss vollständig innen in der Tasche liegen. Beide Taschen oben mit Stecknadeln aneinander stecken; dabei müssen die Seitennähte bündig liegen.
- Taschen oben rundherum aneinander nähen und eine Wendeöffnung lassen. Die Tasche wenden.
- Obere Naht flachbügeln und die obere Kante der Tasche knappkantig steppen. Wendeöffnung mit Blindstichen schließen (siehe Seite 149).
- ⑧ Wenn weder Gurtband noch ein anderer Henkel eingenäht wurde, können jetzt die Ösen für den Lederhenkel eingeschlagen werden. Der Mittelpunkt der Öse muss 3,5 cm von der Seitennaht und 2,5 cm von der oberen Kante entfernt liegen. Die Ösen so durch Innen- und Außenstoff einschlagen, wie es in der Anleitung auf der Verpackung der Ösen beschrieben ist.
- Durch diese Ösen werden die großen O-Ringe gesteckt, an denen der Lederhenkel mit Karabinerhaken eingehängt werden kann.
- ⑨ An dem Stück des Rings, der innen in die Tasche kommt, einen kürzeren Lederhenkel befestigen. Hohlnieten nach der Anleitung auf Seite 157 verwenden.

FERTIG!

Eigene Varianten

- Wenn Sie ganz andere Stoffe verwenden, bekommt die Tasche einen völlig anderen Look. Schöne, große (geometrische) Muster kommen auf dieser Tasche richtig gut zur Geltung.
- Sie können die einzelnen Teile auch unterteilen und dann verschiedene Stoffe kombinieren. Wählen Sie beispielsweise für die untere Außenseite einen einfarbigen und oben einen gemusterten Stoff. Hierzu teilen Sie die Außenteile A in zwei Teile und rechnen bei jedem Teil in der Höhe 1 cm Nahtzugabe hinzu. So erhalten Sie beispielsweise einen unteren Streifen à 40 cm x 16 cm und einen oberen Streifen à 40 cm x 21 cm. Nähen Sie dann als allerersten Schritt die beiden Streifen zu einem vollständigen Außenteil A zusammen (40 cm x 35 cm).
- Die Tasche Augustine eignet sich perfekt für einen versenkten Reißverschluss. Schneiden Sie hierzu den Innenstoff in zwei Teile (anstelle der Teile A'): ein schmales Rechteck à 40 cm x 5,75 cm (oben) und ein breites Rechteck à 40 cm x 30,75 cm (unten). Dazwischen kommt der versenkte Reißverschluss, siehe Anleitung auf Seite 163.
- Vergrößern Sie die Tasche, sodass eine richtig große Tragetasche daraus wird. Nähen Sie dann am besten zwei kurze Henkel.

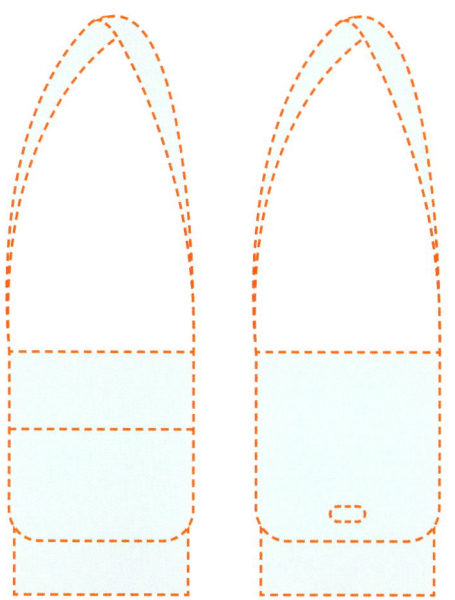

Josefine

Eine Schultertasche für Groß und Klein

In dieser praktischen Tasche haben Sie alles,
was Sie unbedingt brauchen, immer griffbereit.

Was brauchen Sie?

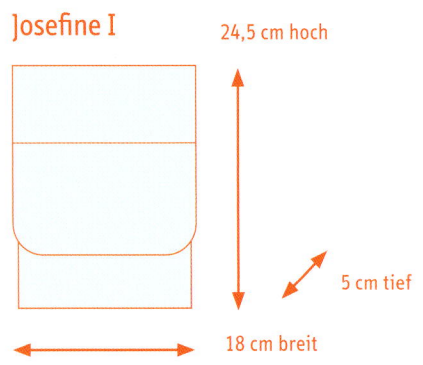

Josefine I
24,5 cm hoch
5 cm tief
18 cm breit

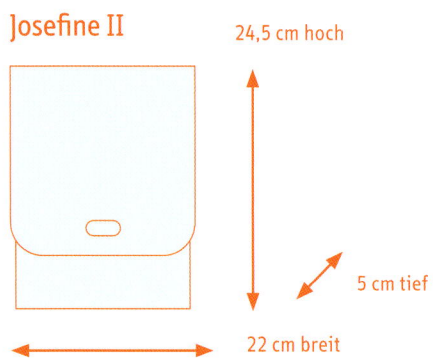

Josefine II
24,5 cm hoch
5 cm tief
22 cm breit

Josefine I (blau)

STOFF UND VLIESELINE

- 50 cm Außenstoff 1 (Fähnchengirlanden)*
- 30 cm Außenstoff 2 (Klappe mit großem Muster)
- 35 cm Innenstoff
- 25 cm Vlieseline H640
- 20 cm Vlieseline H630

ZUBEHÖR

- farblich passendes Nähgarn
- Leiterschnalle und 2 Metallschlaufen
- Magnetverschluss
- Reißverschluss, 25 cm lang

Josefine II (rot)

STOFF UND VLIESELINE

- 35 cm Außenstoff
- 65 cm Innenstoff**
- 29 cm Vlieseline H640

ZUBEHÖR

- farblich passendes Nähgarn
- Leiterschnalle und 2 Metallschlaufen
- Gurtband, 135 cm lang
- Drehverschluss
- Reißverschluss, 25 cm lang

* Inkl. Stoffhenkel
** Inkl. Stoff für Zwischenfach mit Reißverschluss

Vorbereitung

Josefine I Außenstoff 1
A A

Außenstoff 2
B C D

Josefine I Innenstoff
A' A' B' C' D'

Außenstoff 1
F

STOFF NACH DEN SCHNITTMUSTERTEILEN AUF DEM SCHNITTMUSTERBOGEN ZUSCHNEIDEN
● (ROT)

Josefine I

- **Außenstoff 2**: 1x Teil B (Rückseite Klappe), 1x Teil D (Klappe unten)
- **Innenstoff**: 1x Teil B', 1x Teil D'
- **Vlieseline H630**: 1x Teil B nach Schnittmuster zuschneiden, ringsum etwa 0,5 cm kleiner

Josefine II

- **Außenstoff**: 2x Teil B (Klappe)
- **Vlieseline H640**: 1x Teil B nach Schnittmuster zuschneiden, ringsum etwa 0,5 cm kleiner

STOFF NACH DEN ANGEGEBENEN MASSEN ZUSCHNEIDEN (BREITE X HÖHE)

Josefine I

- **Außenstoff 1**: 2x Teil A (Vorder- und Rückenteil) = 25 cm x 29,5 cm, 1x Teil F (Henkel) = 16 cm x 135 cm
- **Außenstoff 2**: 1x Teil C (Klappe oben) = 20 cm x 13 cm
- **Innenstoff**: 2x Teil A' = 25 cm x 29,5 cm, 1x Teil C' = 20 cm x 13 cm
- **Vlieseline H640**: 2x Rechteck à 24 cm x 28,5 cm (Verstärkung Teile A)

Josefine II

- **Außenstoff**: 2x Teil A = 29 cm x 29,5 cm
- **Innenstoff**: 2x Teil A' = 29 cm x 29,5 cm
- **Vlieseline H640**: 2x Rechteck à 28 cm x 28,5 cm (Verstärkung Teile A)

Josefine II Außenstoff

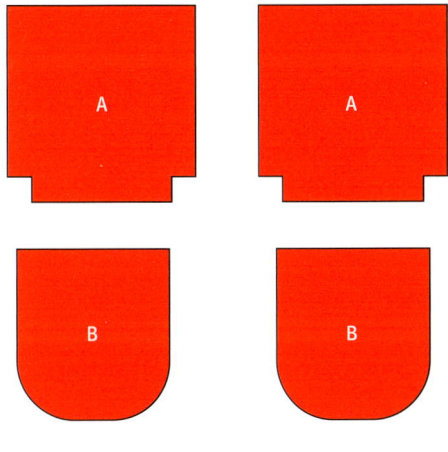

Josefine II Innenstoff

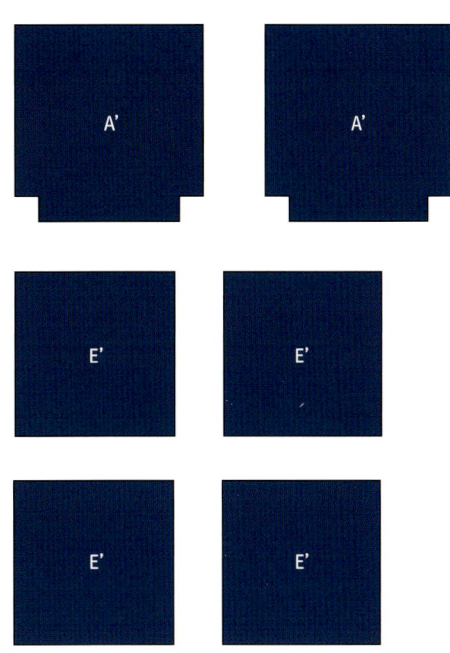

OPTIONAL: ZWISCHENFACH MIT REISSVERSCHLUSS

Innenstoff: 4x Teil E' = 25 cm x 25 cm

Aus allen Teilen A und A' und ihren Verstärkungen links und rechts unten ein Quadrat à 2,5 cm x 2,5 cm herausschneiden.

VLIESELINE AUFBÜGELN

Vlieseline auf die Teile A und ein Teil B bügeln.

Nähen (1 cm von der Kante entfernt nähen, sofern nicht anders angegeben)

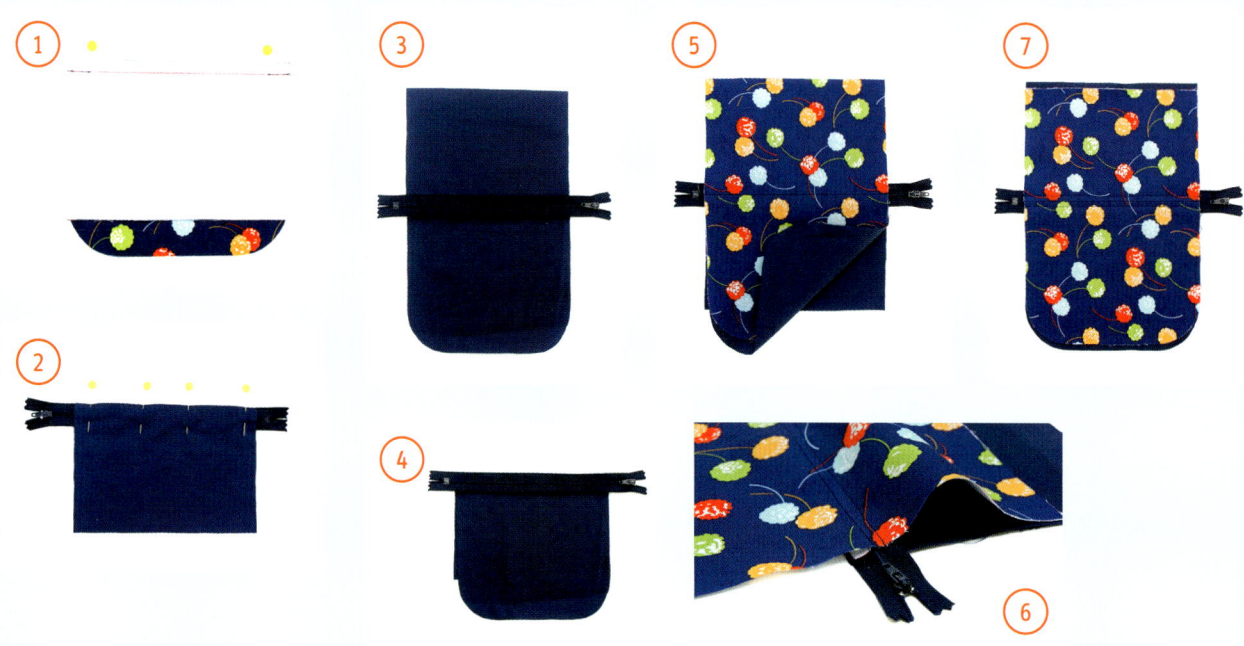

VERSCHLÜSSE

Josefine I

- Das dünne Teil des Magnetverschlusses auf Teil B legen (nach den Maßangaben im Schnittmuster) und das dicke Teil auf eines der Teile A (der Mittelpunkt des Verschlusses liegt 11,5 cm von der unteren Kante des Schnittmusters entfernt und mittig in der Breite des Schnittmusters). Nach der Anleitung auf Seite 161 arbeiten.

Josefine II

- Das drehbare Teil des Drehverschlusses auf eines der Teile A legen (Mitte des Verschlusses 9,5 cm liegt von der unteren Kante des Schnittmusters entfernt und mittig in der Breite des Schnittmusters). Das ovale Teil wird erst eingesetzt, wenn die Tasche fertig ist. Nach der Anleitung auf Seite 162 arbeiten.

KLAPPE FERTIGSTELLEN

Josefine I: Klappe mit eingearbeitetem Reißverschluss

<u>Vorderseite der Klappe = Reißverschlussfach</u>

- ① Teil D mit der rechten Seite nach oben legen. Teil C so rechts auf rechts darauflegen, dass die oberen Kanten bündig liegen. Das Muster von Teil C liegt hierbei kopfüber. Mit großen Stichen, die sich anschließend leicht wieder entfernen lassen, 1 cm von der Kante entfernt die Teile aneinander heften. Fadenende an Anfang und Ende der Naht nicht sichern.
- Die beiden Teile auffalten und die Naht aufbügeln. Dieses Teil C+D zur Seite legen.
- ② Den Reißverschluss mit der rechten Seite nach unten legen. Darauf kommt Teil C' mit der rechten Seite nach unten.
- Mit einer Hilfsnaht so nahe wie möglich (max. 0,4 cm) an der oberen Kante entlangnähen. Teil C' nach oben falten.
- ③ Diesen Arbeitsschritt mit Teil D' wiederholen.
- ④ Weiter mit Teil C'+D': jetzt C' unter D' falten, sodass eine Seite des Reißverschlusses (mit der rechten Seite nach oben) frei liegt. Teile C' und D' liegen dabei rechts auf rechts aufeinander.
- ⑤ Darauf kommt Teil C+D mit der rechten Seite nach oben. Die Naht von Teil C+D liegt der Länge nach mittig auf dem Reißverschluss.
- 0,5 cm von der Naht entfernt die Seite des Reißverschlusses steppen, wobei der Innenstoff weggeschlagen ist. Auf dem Foto wird Teil C gesteppt.
- ⑥ Die Teile rund um den Reißverschluss wieder auffalten und auf der

anderen Seite des Reißverschlusses wiederholen: dabei D' unter C' falten.

- Nähen. Auf dem Foto ist dies Teil D.
- ⑦ Die Nähte des Innenstoffs flachbügeln (dabei den Reißverschluss nicht berühren).
- Den überschüssigen Stoff des Innenstoffs oben und unten zurückschneiden.
- ⑧ Die Heftnaht aus dem ersten Arbeitsschritt der Klappe fertigstellen mit einem Nahttrenner aufschneiden.
- ⑨ Den Reißverschluss teilweise öffnen und die überstehenden Enden abschneiden.
- Das offene Ende des Reißverschlusses mit Zickzackstichen absteppen (so franst die Kante nicht aus).
- Das eben genähte Teil mit Reißverschluss (C+D+C'+D') mit dem Außenstoff nach unten legen. Darauf kommt Teil B' mit der rechten Seite nach unten. Rundherum 0,5 cm von der Kante entfernt entlangsteppen (Hilfsnaht).

Die Klappe zusammensetzen

- ⑩ Das Teil mit Reißverschluss (C+D+C'+D'+B') mit dem Außenstoff mit Reißverschluss nach oben legen. Darauf kommt rechts auf rechts Teil B.
- Rundherum nähen, jedoch die obere Kante offen lassen.
- Die Rundungen der Klappe einknipsen oder die Nahtzugabe mit einer Zickzackschere zurückschneiden.
- Die Klappe durch die offen gelassene obere Kante wenden und vorsichtig bügeln (dabei nicht über den Reißverschluss bügeln).

Josefine II: Klappe ohne Reißverschluss

- ⑪ Wenn die Klappe eine Paspel bekommen soll, wird das Paspelband zunächst auf die rechte Seite von einem Teil B genäht. Nach der Anleitung auf Seite 148 arbeiten.
- Die beiden Teile B rechts auf rechts aufeinanderlegen.
- Rundherum nähen, dabei der Rundung folgen, jedoch die obere Kante offen lassen. Die Rundungen der Klappe einknipsen oder die Nahtzugabe mit einer Zickzackschere zurückschneiden.
- Auf links wenden und die genähte Naht noch einmal steppen.

SCHULTERGURT NÄHEN
Josefine I

- Mit Teil F nach der Anleitung auf den Seiten 155/156 arbeiten.

ÄUSSERE TASCHE NÄHEN

- ⑫ Die beiden Teile A rechts auf rechts aufeinanderlegen.
- Die seitlichen Kanten und die untere Kante nähen (die Ecken nicht mitnähen).
- ⑬ Die Ecken mit Stecknadeln so feststecken, dass die untere und die seitliche Naht bündig aufeinander liegen. Dies können Sie kontrollieren, indem Sie eine Stecknadel durch die beiden Nähte stecken.
- Festnähen.

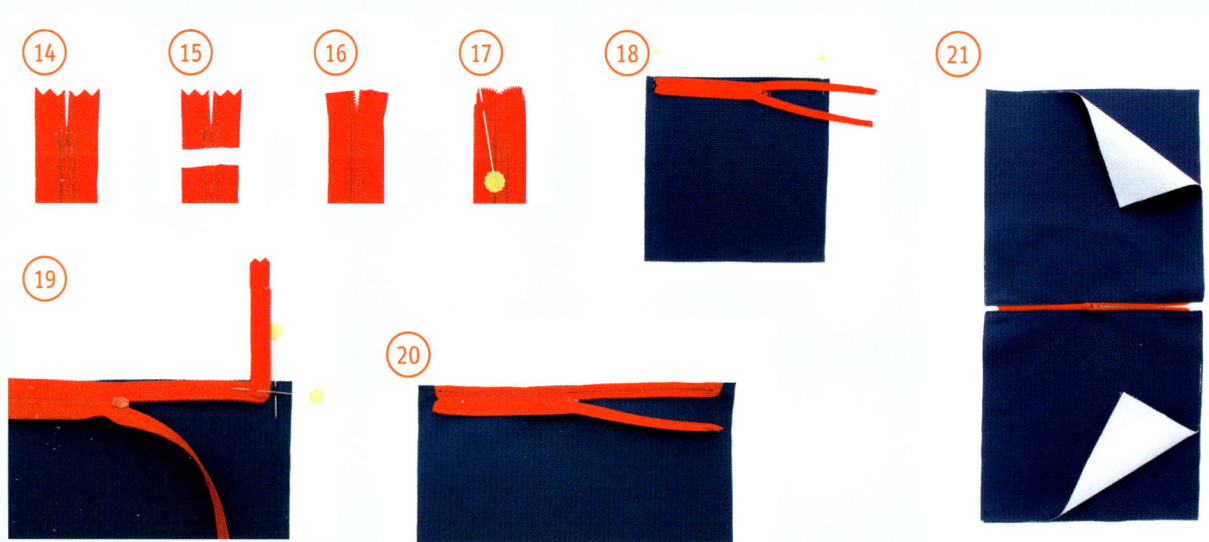

INNERE TASCHE NÄHEN
Josefine I

- Die Arbeitsschritte bei der äußeren Tasche mit den beiden Teilen A' wiederholen. Nur eine etwa 10 cm große Wendeöffnung in der Unterseite der Tasche offen lassen.

Josefine II: Innere Tasche mit Zwischenfach mit Reißverschluss
Das Zwischenfach nähen

- ⑭ 1 cm–2 cm unter dem Metall- oder Kunststoff-Stopper des Reißverschlusses mit Zickzackstichen quer nähen. Dazu Garn in der Farbe des Reißverschlusses verwenden (evtl. kann diese Naht am Schluss entfernt werden).
- ⑮ Das Ende mit dem Stopper abschneiden.
- ⑯ Die beiden neuen Enden bis zur Zickzacknaht auseinanderziehen.
- ⑰ Die beiden losen Enden rechtwinklig wegklappen. Mit Stecknadeln feststecken.
- Alle Winkel mit einigen Stichen festnähen, eventuell ist dies von Hand einfacher.
- ⑱ In das andere Ende des Reißverschlusses auch einen Winkel legen, jedoch auf andere Weise. Hierzu den Reißverschluss öffnen, um mehr Bewegungsfreiheit an diesem Reißverschlussende zu bekommen. Die genaue Länge des Reißverschlusses mit einem Teil E' bestimmen. Auf Teil E' zwei Punkte an beiden Seiten 1,5 cm von der Kante entfernt markieren. Das abgeklappte Ende des Reißverschlusses etwa 2 mm vom linken Markierungspunkt entfernt legen. Den Reißverschluss bis an den rechten Markierungspunkt abmessen (Teil E' dient hier als Maßband). Dieser Arbeitsschritt ist einfacher, wenn der Schieber des Reißverschlusses vorläufig fixiert ist.
- ⑲ Direkt vor dem rechten Markierungspunkt das Ende des Reißverschlusses rechtwinklig wegklappen. Diesen Winkel mit Stecknadeln feststecken.
- Den Reißverschluss teilen und den Winkel nähen (Hilfsnaht). Den überschüssigen Teil (den nach oben zeigenden Teil) des Reißverschlusses abschneiden.
- An der anderen Reißverschlusshälfte wiederholen. An jedem Ende des Reißverschlusses befinden sich jetzt zwei Winkel.
- ⑳ Ein Teil E' mit der rechten Seite nach oben legen. Den Reißverschluss rechts auf rechts darauflegen, sodass er genau an der oberen Kante von Teil E' anliegt (zwischen den oben beschriebenen Markierungspunkten). Den Reißverschluss mit einer Hilfsnaht 0,5 cm von der Kante entfernt auf Teil E' nähen. Hierzu mit einem Reißverschlussfuß arbeiten.
- Auf dieses Teil (mit dem Reißverschluss nach oben) ein zweites Teil E' mit der rechten Seite nach unten legen. Die beiden Teile E' müssen genau aufeinanderliegen. Die beiden Stoffteile mit dem Reißverschluss dazwischen etwa 0,75 cm von der Kante entfernt steppen. Diesen Arbeitsschritt und den vorherigen

können Sie eventuell auch gleichzeitig ausführen.

- Auf der anderen Seite des Reißverschlusses mit den beiden anderen Teilen E' wiederholen.
- ㉑ Die Teile am Reißverschluss auffalten und am Reißverschluss entlangsteppen.
- ㉒ Das vollständige Teil zusammenfalten, sodass die vier Teile E' bündig aufeinander liegen und der Reißverschluss nach außen zeigt. Mit Stecknadeln feststecken.
- Den Stoff zurechtschneiden, sodass ein Quadrat von 24 cm Breite und 24 cm Höhe entsteht. Der Reißverschluss muss genau mittig in der Breite liegen. Alle Seiten mit einer Hilfsnaht 0,5 cm von der Kante entfernt nähen, jedoch nicht die Seite mit dem Reißverschluss.
- ㉓ In die beiden unteren Ecken jeweils ein Quadrat à 1 cm x 1 cm einzeichnen. Durch den Punkt, an dem sich die beiden gezeichneten Linien des Quadrats kreuzen, eine schräge Linie zeichnen, sodass ein Dreieck entsteht. Die Ecke an dieser Linie entlang schräg abschneiden.
- Das Zwischenfach der inneren Tasche ist jetzt fertig.

Die Innenseite der Tasche nähen

- ㉔ Ein Rechteck A' mit der rechten Seite nach oben legen. Darauf das Zwischenfach mit der Kante bündig auf die linke Kante legen.
- ㉕ Nun muss die untere Kante des Zwischenfachs genau an der Kante des ausgeschnittenen Quadrats in Teil A' liegen.
- ㉖ Das andere Teil A' mit der rechten Seite nach unten darauflegen.
- Die drei Teile bis an den abgeschrägten Rand des Reißverschlussfachs zusammennähen. In Höhe des Reißverschlusses einige Male vor- und zurücksteppen, um die Naht zu verstärken.
- ㉗ Das Zwischenfach waagerecht zwischen den beiden Teilen A' verschieben, bis die rechte Kante des Zwischenfachs bündig auf den beiden rechten Kanten der Teile A' liegt. Die untere Kante des Zwischenfachs liegt bündig auf der Kante des ausgeschnittenen Quadrats der beiden Teile A'.
- Festnähen.
- Die untere Kante von jedem Teil A' liegt genau an der unteren Kante des Zwischenfachs. Festnähen.
- Jetzt sind die einzelnen Teile korrekt zusammengesetzt, nur die Ecken links und rechts unten sind noch offen. Die Nähte der linken Ecke in Querrichtung zusammennehmen und steppen (ebenso wie bei der äußeren Tasche). In der rechten Ecke wiederholen.

 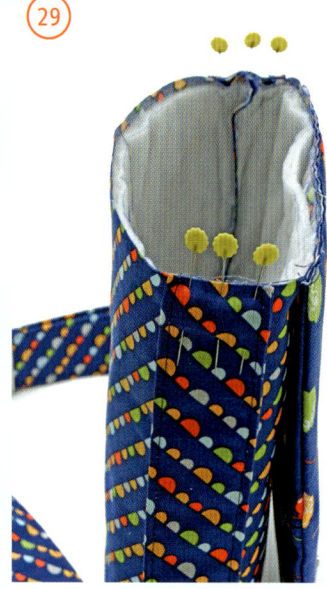 

KLAPPE UND HENKEL BEFESTIGEN

- Die äußere Tasche mit der rechten Seite nach außen wenden. Die Tasche mit der Rückseite (mit der Seite ohne Magnetverschluss) nach oben legen. Darauf die Klappe legen, dabei zeigt die Vorderseite der Klappe nach unten. Die Klappe muss oben bündig auf der Kante der äußeren Tasche und die Mitte der Klappe in der Mitte des Rückenteils (Teil A) liegen.
- Die Klappe 0,5 cm von der Kante entfernt (Hilfsnaht) an die Tasche nähen.
- ㉙ Den Henkel mit Stecknadeln an die Außentasche stecken, genau mittig über den Seitennähten. Dabei darf der Henkel nicht verdreht sein. 0,5 cm von der Kante entfernt (Hilfsnaht) nähen.

- ㉚ Die äußere Tasche wieder mit der rechten Seite nach innen wenden und die innere Tasche mit der rechten Seite nach außen. Bei Josefine II befindet sich das Zwischenfach mit Reißverschluss jetzt außen. Die innere Tasche in die äußere Tasche schieben, dabei liegen die rechten Seiten aufeinander. Die oberen Kanten bündig legen, die Nähte liegen genau aufeinander.
- Rundherum nähen.
- Bitte beachten: Bei Josefine II (Tasche mit dem Zwischenfach) nicht ganz rundherum steppen, sondern an der Vorderseite eine Wendeöffnung von 15 cm offen lassen (bei dieser Ausführung blieb keine Wendeöffnung in der inneren Tasche offen).

- Die Tasche durch die Wendeöffnung wenden. Obere Naht flachbügeln und die obere Kante der Tasche knappkantig steppen. Damit wird bei Josefine II auch die Wendeöffnung geschlossen. Bei Josefine I die Wendeöffnung innen in der Tasche mit Blindstichen (siehe Seite 149) schließen.
- Bei Josefine II wird jetzt das ovale Teil des Drehverschlusses auf die Klappe aufgesetzt. Dazu die Tasche schließen und genau prüfen, an welche Stelle es gesetzt werden muss, damit es genau auf das drehbare Teil auf dem Vorderteil passt.

FERTIG!

Eigene Varianten

- Wir haben eine schmale und eine breitere Ausführung genäht. Nähen Sie eine extra große Ausführung (breiter, höher, tiefer), um die Tasche als Schultasche oder beispielsweise als Wickeltasche zu verwenden. Nähen Sie in beiden Fällen zusätzliche Innenfächer (siehe Seite 150), damit Ihre Tasche richtig praktisch wird.
- Auch bei der Klappe sind zahllose Variationen möglich. Sie kann kürzer oder runder werden, oder sie setzt einen zusätzlichen Akzent an der Tasche, indem sie aus einem kontrastierenden Stoff genäht wird. Wenn Sie die Klappe kürzen, denken Sie bitte an die Position des Verschlusses. In Zweifelsfällen nähen Sie am besten erst die äußere Tasche, stecken die Klappe mit Stecknadeln darauf, falten die obere Kante der Tasche 1 cm um und lassen die Klappe über die Vorderseite fallen. Stecken Sie eine Stecknadel durch alle Stofflagen, um auf dem Vorderteil und auf der Rückseite der Klappe die Stelle zu markieren, wo der Verschluss sitzen soll.
- Auch beim Verschluss sind die unterschiedlichsten Lösungen denkbar. Wenn Sie beispielsweise lieber KAM-Snaps oder Druckknöpfe verwenden, bringen Sie diese erst an, wenn die gesamte Tasche fertig ist.
- Die Tasche kann natürlich auch einen Reißverschluss bekommen. Arbeiten Sie hierzu nach der Anleitung auf Seite 163. Zeichnen Sie die Teile A' des Innenstoffs in zwei Teilen und setzen Sie den Reißverschluss dazwischen.

Celeste

Eine Tasche mit verspielter Form

Eine Freizeittasche für das Töchterchen oder eine echte Handtasche für Sie selbst: Celeste ist immer die richtige Wahl.

"The details are not the details. They make the design."

Charles Eames

Was brauchen Sie?

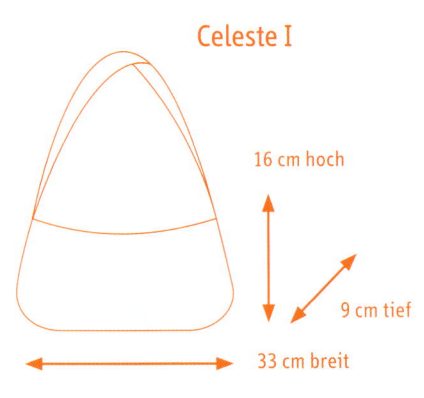

Celeste I

16 cm hoch
9 cm tief
33 cm breit

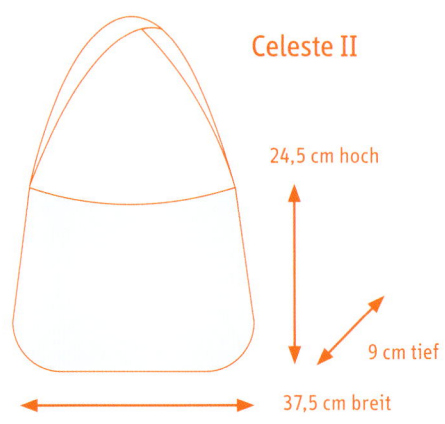

Celeste II

24,5 cm hoch
9 cm tief
37,5 cm breit

Celeste I (grün)

STOFF UND VLIESELINE

- 55 cm Außenstoff
- 35 cm Innenstoff
- 35 cm Vlieseline H640

ZUBEHÖR

- Reißverschluss, 35 cm lang
- farblich passendes Nähgarn

Wird der Henkel aus Gurtband genäht: 55 cm

Celeste II (blau)

STOFF UND VLIESELINE

- 65 cm Außenstoff
- 50 cm Innenstoff
- 45 cm Vlieseline H640

ZUBEHÖR

- Reißverschluss, 35 cm lang
- farblich passendes Nähgarn

Wird der Henkel aus Gurtband genäht: 55 cm

Vorbereitung

Außenstoff

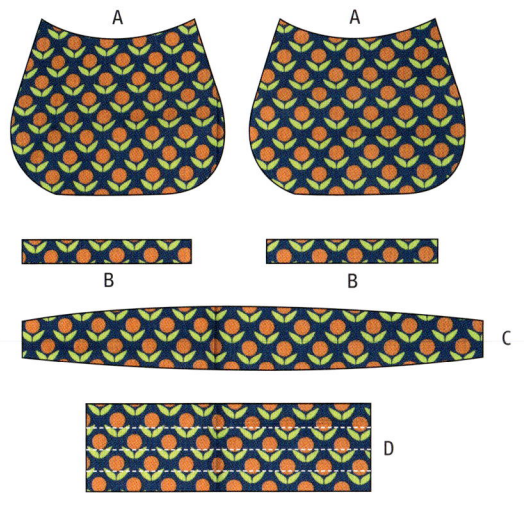

Innenstoff

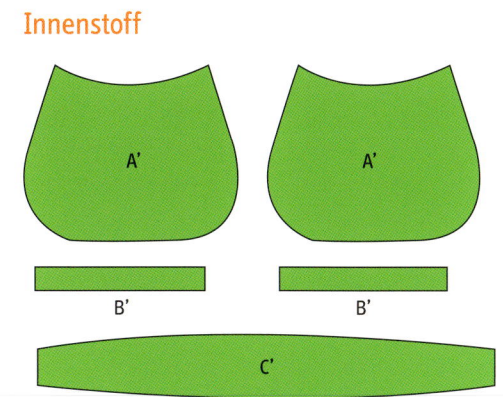

STOFF NACH DEN SCHNITTMUSTERTEILEN AUF DEM SCHNITTMUSTERBOGEN ZUSCHNEIDEN ● (BLAUGRÜN)

- **Außenstoff**: 2x Teil A (Vorder-/Rückenteil), 2x Teil B (Reißverschlussstreifen), 1x Teil C (Seitenstreifen)
- **Innenstoff**: 2x Teil A', 2x Teil B', 1x Teil C'
- **Vlieseline H640**: 2x Teil A, 2x Teil B, 1x Teil C (nach Schnittmuster zuschneiden, rundherum 0,5 cm kleiner)

STOFF NACH DEN ANGEGEBENEN MASSEN ZUSCHNEIDEN (BREITE X HÖHE)

- **Außenstoff**: 1x Teil D (Henkel) = Rechteck, 16 cm x 55 cm (oder 2x 16 cm x 28,5 cm)

Tipp: Beachten Sie beim Zuschneiden von gemusterten Stoffen den Musterverlauf. Wenn das Muster eindeutig eine Richtung hat, können Sie Teil C und D auch in zwei Teilen zuschneiden wie bei Celeste II (angegebene Länge der Teile halbieren + 1 cm Nahtzugabe bei jedem Teil hinzurechnen) und diese beiden Teile aneinander nähen, sodass das Muster an beiden Seiten die richtige Richtung hat. Bitte beachten Sie: Es kann sein, dass Sie dann mehr Stoff benötigen als angegeben!

VLIESELINE AUFBÜGELN

Vlieseline auf die Teile A, B und C bügeln.

MARKIERUNGEN AUF DEN STOFF ÜBERTRAGEN

- Auf den Teilen A und A' die Punkte a, b und c einzeichnen.
- Auf den Teilen B und B' den Markierungspunkt a einzeichnen.
- Auf den Teilen C und C' die Markierungspunkte b und c einzeichnen.

Nähen (1 cm von der Kante entfernt nähen, sofern nicht anders angegeben)

1

2

3

4

5

6

SCHULTERGURT NÄHEN

- Mit Teil D nach der Anleitung auf Seite 155 arbeiten.

REISSVERSCHLUSSTEIL

- ① Mit den Teilen B und B' nach der Anleitung auf Seite 163 arbeiten. Das Reißverschlussteil sieht dann aus wie auf dem Foto.

SCHULTERGURT BEFESTIGEN

- ② Teil C mit der rechten Seite nach oben legen. Eines der nicht versäuberten Enden des Schultergurts mit der rechten Seite nach unten genau mittig und auf die Kante einer kurzen Seite legen.
- 0,5 cm von der Kante entfernt nähen. Diese Hilfsnaht ist später nicht mehr zu sehen. An der anderen Seite des Gurts wiederholen (an der anderen kurzen Seite von Teil C). Der Schultergurt darf nicht verdreht liegen.

REISSVERSCHLUSS- UND SEITENSTREIFEN

- ③ Teil C mit der rechten Seite nach oben legen. Darauf das Reißverschlussteil mit dem Außenstoff nach unten legen. Darauf kommt Teil C' mit der rechten Seite nach unten.
- ④ Die Kanten der kurzen Seiten müssen bündig aufeinander liegen. Die Lagen zusammennähen. Die Nahtlinie beginnt und endet jeweils 1,25 cm von der Kante entfernt.
- An der anderen kurzen Seite wiederholen.

TASCHE FERTIGSTELLEN

Tipp: Wenn die Tasche Innenfächer bekommen soll, werden diese jetzt auf die Teile A' genäht. Anleitungen zum Nähen der unterschiedlichen Innenfächer finden Sie ab Seite 150.

- ⑤ Weiter mit dem Reißverschluss- und Seitenstreifen: den Außenstoff nach der Form der Tasche mit der rechten Seite nach innen legen und den Innenstoff wegstreichen. Darauf kommt ein Teil A mit der rechten Seite nach unten. Die Markierungspunkte a, b und c aufeinanderlegen und mit Stecknadeln feststecken.

- ⑥ Anschließend den Rest des Seitenstreifens an der großen Wölbung von Teil A mit Stecknadeln feststecken. Das Reißverschlussteil wird später verarbeitet.
- Dabei besonders aufmerksam arbeiten und lieber zu viele als zu wenige Stecknadeln nehmen. Der Stoff muss gleichmäßig verteilt sein.
- Die Nahtlinie beginnt etwa 2 cm vor dem Beginn der großen Wölbung. Am besten den Reißverschlussfuß verwenden. Die Naht endet etwa 2 cm vor dem Ende der großen Wölbung.

- ⑦ Das Reißverschlussteil mit Stecknadeln an die kleine Wölbung von Teil A stecken.
- ⑧ Der Innenstoff darf nicht im Weg liegen. Die Nahtlinie beginnt und endet jeweils 1 cm von der Kante entfernt.
- ⑨ Zum Abschluss die beiden kleinen Ecken vollständig nähen. Das Ergebnis ist auf dem Foto zu sehen.

- ⑩ ⑪ Diese Arbeitsschritte für den Innenstoff der Tasche mit einem Teil A' wiederholen.
- Reißverschluss öffnen.
- Alle Arbeitsschritte mit den anderen Teilen A und A' wiederholen. Im Innenstoff eine Wendeöffnung offen lassen.
- Die Tasche auf rechts wenden. Die Wendeöffnung mit Blindstichen schließen (siehe Seite 149).

FERTIG!

Eigene Varianten

- Wir haben von dieser Tasche eine kleine und eine große Ausführung genäht. Die große Variante ist auch höher als die kleine. Probieren Sie ruhig verschiedene Größen aus, indem Sie die Höhe verändern oder das gesamte Schnittmuster auf dem Kopiergerät verkleinern oder vergrößern. Aber aufgepasst: Dabei vergrößert/verkleinert sich auch die Nahtzugabe. Die Nahtlinie (gestrichelt) bleibt unverändert, die Schnittlinie (durchgehend) wird 1 cm von der Nahtlinie entfernt neu gezeichnet.

- Hier bei dieser Tasche haben wir das grundlegende Prinzip erklärt; jetzt können Sie problemlos selbst eine andere Taschenform entwerfen, beispielsweise eine rechteckige oder trapezförmige Tasche mit schmalerer Oberseite und breiter Unterseite. Dazu zeichnen Sie erst die Form der Teile A und zeichnen die Nahtlinie (gestrichelt) 1 cm von der Kante entfernt ein. Messen Sie die Länge der Nahtlinie an den Seiten und an der Unterseite. Rechnen Sie 2 cm hinzu (als Nahtzugabe). Diese neue Länge entspricht der Länge von Schnittmusterteil C. Für die Länge von Schnittmusterteil B messen Sie die Länge der obersten horizontalen Nahtlinie von Teil A und rechnen 2 cm Nahtzugabe hinzu. Dann können Sie überlegen, wie breit die Tasche werden soll. Diese Breite + 2 cm entspricht der Breite von Teil C. Die Breite der einzelnen Teile B = (die Breite von Teil C : 2) + 0,5 cm.

- Wenn Sie gerne einen verstellbaren Henkel haben möchten, um die Tasche als Crossover-Tasche zu verwenden, arbeiten Sie nach der Anleitung auf Seite 156.

- Sollte Ihnen das Reißverschlussteil zu kompliziert sein, können Sie den Reißverschluss auch weglassen und die Tasche nur aus einem Vorderteil, einem Rückenteil und dem Seitenstreifen nähen. Gehen Sie dabei vor wie bei Lena auf Seite 79. Die Tasche kann mit einem Magnetverschluss oder einem Druckknopf oder KAM-Snap verschlossen werden (weitere Erläuterungen auf Seite 162).

- Sollten Sie die Tasche ohne Reißverschluss nähen, dann können Sie z. B. noch eine Klappe nähen. Erläuterungen zum Einnähen einer Klappe finden Sie bei Josefine (Seite 101). Anhand des Schnittmusters des Vorderteils können Sie eine Klappe zeichnen, die zur Form der Tasche passt. Wenn Sie festlegen, wie lang die Klappe werden soll, müssen Sie auf jeden Fall daran denken, dass die Tasche recht tief ist (Seitenstreifen).

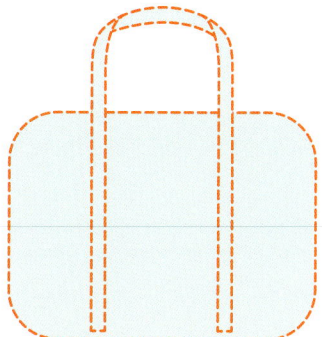

Ida

Stilvoll zur Arbeit oder auf Reisen

In die schmale Ausführung passt genau ein Laptop, die breitere Ausführung ist perfekt für eine kurze Geschäftsreise.

Was brauchen Sie?

Ida I

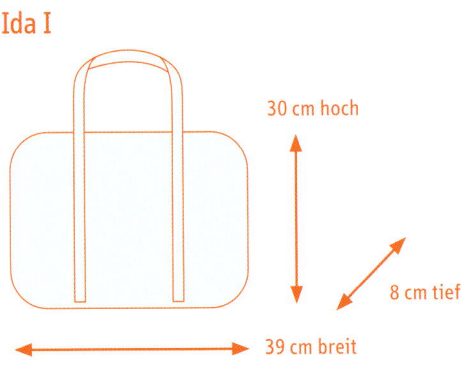

30 cm hoch
8 cm tief
39 cm breit

Ida II

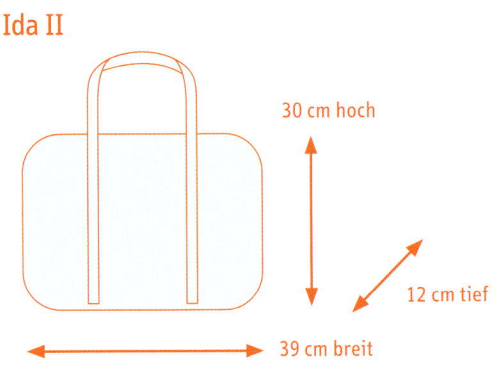

30 cm hoch
12 cm tief
39 cm breit

Ida

STOFF UND VLIESELINE

- 80 cm Außenstoff
- 55 cm Innenstoff[1],[*]
- 60 cm Vlieseline H640

Bei Stoffhenkeln: ein zusätzliches Stück Stoff à 24 cm x 98 cm nehmen.

ZUBEHÖR

- Reißverschluss, 65 cm lang
- Gurtband oder Ledergurt, 196 cm (oder 2x 98 cm) lang
- farblich passendes Nähgarn

[*] Teil C' um 90° drehen
[1] für 140 cm Stoffbreite geschätzt

Vorbereitung

Außenstoff

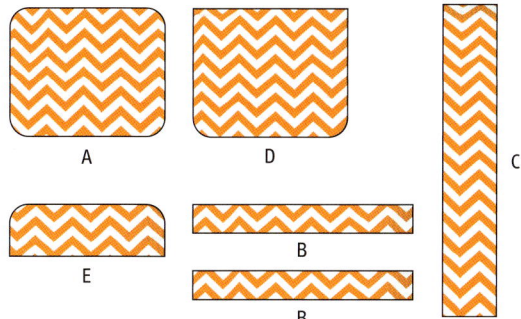

Innenstoff

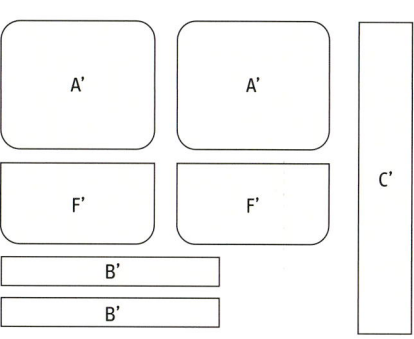

**STOFF UND VERSTÄRKUNG NACH DEN SCHNITTMUSTER-
TEILEN AUF DEM SCHNITTMUSTERBOGEN ZUSCHNEIDEN**

● **(GELBORANGE)**

- **Außenstoff**: 1x Teil A (Rückenteil), 1x Teil D (Vorfach), 1x Teil E (Vorderteil oben)
- **Innenstoff**: 2x Teil A' (Vorder-/Rückenteil), 2x Teil F' (Futter Vorfach)
- **Vlieseline H640**: 2x Teil A' (nach Schnittmuster zuschneiden, ringsum 0,5 cm kleiner)

**STOFF UND VERSTÄRKUNG NACH DEN ANGEGEBENEN
MASSEN ZUSCHNEIDEN (BREITE X HÖHE)**

Ida I (orange)

- **Außenstoff**: 2x Teil B (Reißverschlussstreifen) = 59 cm x 5,5 cm, 1x Teil C (Seitenstreifen) = 10 cm x 79 cm
- **Innenstoff**: 2x Teil B' (Reißverschlussstreifen) = 59 cm x 5,5 cm, 1x Teil C' (Seitenstreifen) = 79 cm x 10 cm
- **Vlieseline H640**: 2x Rechteck à 58 cm x 4,5 cm (Verstärkung Teile B), 1x Rechteck à 78 cm x 9 cm (Verstärkung Teil C)

Ida II (blau)

- **Außenstoff**: 2x Teil B (Reißverschlussstreifen) = 59 cm x 7,5 cm, 1x Teil C (Seitenstreifen) = 14 cm x 79 cm
- **Innenstoff**: 2x Teil B' (Reißverschlussstreifen) = 59 cm x 7,5 cm, 1x Teil C' (Seitenstreifen) = 79 cm x 14 cm
- **Vlieseline H640**: 2x Rechteck à 58 cm x 6,5 cm (Verstärkung Teile B), 1x Rechteck à 78 cm x 13 cm (Verstärkung Teil C)

Tipp: Die schmale Ausführung (Ida I) erfordert etwas mehr Geschick. Wenn Sie noch nicht so viel Näherfahrung haben, nähen Sie lieber die breitere Ausführung (Ida II).

VLIESELINE AUFBÜGELN

- Die Vlieseline-Teile A' auf die beiden Teile A' aus dem Innenstoff bügeln.
- Die Vlieseline-Streifen für den Reißverschluss auf die beiden Teile B aus dem Außenstoff bügeln.
- Seitenstreifen aus Vlieseline auf das Teil C aus dem Außenstoff bügeln.

Nähen (1 cm von der Kante entfernt nähen, sofern nicht anders angegeben)

HENKEL

- Henkel auswählen. Für diese Tasche benötigen Sie zwei lange Henkel, die jeweils 98 cm lang sind. Wenn der Henkel aus Stoff sein soll, nach der Anleitung auf Seite 155 arbeiten. In den hier vorgestellten Ausführungen werden einmal ein Gurtband und einmal ein Lederriemen verwendet.

VORDERTEIL MIT FACH UND HENKEL

- ① Teil D mit der rechten Seite nach oben so legen, dass das Muster richtig liegt. Ein Teil F' rechts auf rechts bündig mit der oberen Kante darauflegen. Obere Kante steppen.
- ② Auffalten, die Naht in die Verlängerung von Teil D bügeln und über Teil F' nähen.
- ③ Zusammenfalten, sodass die linken Seiten aufeinander liegen. Falte bügeln. Kante steppen.
- ④ Den Henkel nach den Maßangaben auf dem Foto darauflegen. Den Henkel knappkantig festnähen.

Tipp: Soll Ihre Tasche Lederhenkel bekommen? Kleben Sie den Henkel mit Washi-Tape auf den Stoff. Stecknadeln lassen sich nur schwer durch Leder stechen und hinterlassen kleine Löcher. Sie nähen über das Tape und ziehen es anschließend einfach ab. ⑤

130 Ida

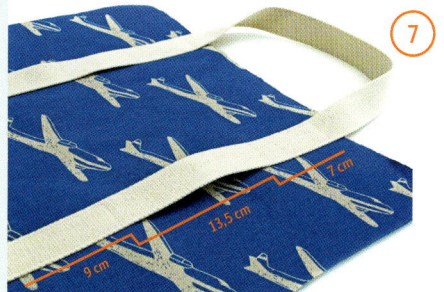

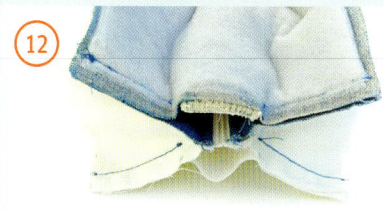

- Teil E mit der rechten Seite nach oben so legen, dass das Muster richtig liegt. Bündig mit dem unteren Rand das andere Teil F' rechts auf rechts darauflegen; dabei liegt die nicht abgerundete lange Seite genau auf der unteren Kante von Teil E. An der unteren Kante steppen. Auffalten, die Naht in die Verlängerung von Teil E bügeln und über Teil F' nähen.
- ⑥ Dieses Teil E+F' mit der rechten Seite nach oben legen. Darauf kommt Teil D+F' mit dem Futter nach unten. Die linke, untere und rechte Kante 0,5 cm von der Kante entfernt steppen (Hilfsnaht).

RÜCKENTEIL MIT HENKEL

- ⑦ Teil A mit der rechten Seite nach oben legen. Den Henkel im gleichen Abstand von der Kante (9,5 cm) wie auf dem Vorderteil auflegen. Laut Markierungen auf dem Foto knappkantig nähen (einige Zentimeter freilassen, sodass später eine Zeitung dazwischen passt).

REISSVERSCHLUSSTEIL

- ⑧ Nach der Anleitung auf Seite 163 mit den Teilen B und B' arbeiten. Das Reißverschlussteil sieht dann aus wie auf dem Foto.

ZUGLASCHE

- ⑨ Teil C mit der rechten Seite nach oben legen. Eine Lasche aus einem Stück Gurtband oder Leder falten und mit Zickzackstichen zusammennähen. Diese Lasche auf den Seitenstreifen C in die Mitte einer kurzen Seite legen. 0,5 cm von der Kante entfernt nähen. Diese Hilfsnaht ist später nicht mehr zu sehen.
- Mit der Zuglasche an der anderen kurzen Seite von Teil C wiederholen.

REISSVERSCHLUSS- UND SEITENSTREIFEN

- ⑩ Das Reißverschlussteil mit dem Außenstoff nach oben legen. Darauf kommt rechts auf rechts Teil C. Die kurzen Seiten liegen bündig aufeinander.
- ⑪ Den Innenstoff an einer Seite wegfalten.
- Das freie Teil (Außenstoff) bis an die Zuglasche nähen. Ebenso an der anderen Seite wiederholen. Die zwei Außenstoffteile hängen jetzt mit den Seitenkanten zusammen, in Höhe des Reißverschlusses ist noch nicht genäht.
- ⑫ Teil C mit der rechten Seite nach oben legen. Darauf kommt das Reißverschlussteil mit dem Innenstoff nach unten; den vorherigen Arbeitsschritt wiederholen, wobei jetzt die Innenstoffteile an den Seiten aneinander genäht werden. Das Ergebnis ist auf dem Foto zu sehen.

Ida 131

  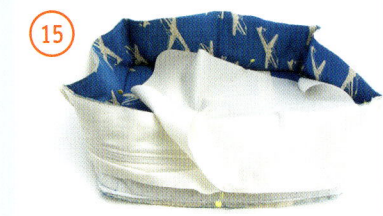

 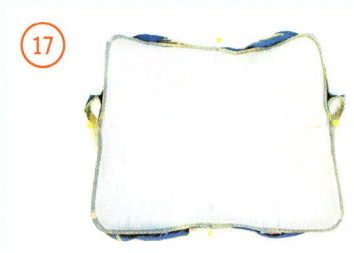 

- ⑬ An der Stelle, an der sich noch keine Naht befindet, durch alle vier Stofflagen nähen. Dabei muss die vorhandene Naht um einige Millimeter überlappt werden.

Tipp: Wenn die Tasche Innenfächer bekommen soll, werden diese jetzt auf die Teile A' genäht. Anleitungen zum Nähen der unterschiedlichen Innenfächer finden Sie ab Seite 150.

TASCHE FERTIGSTELLEN

- Soll die Tasche rundherum eine Paspel bekommen, wird das Paspelband jetzt aufgenäht. Auf Teil A und das fertige Vorderteil (mit Fach und Henkel) das Paspelband rundherum mit Stecknadeln feststecken. Nach der Anleitung auf Seite 148 arbeiten. Das Paspelband muss den runden Ecken der Tasche genau folgen.

- Gleichzeitig die Mittelpunkte (der langen Seiten) an den folgenden Teilen kennzeichnen:
  > Reißverschlussteil: Punkt a
  > Seitenstreifen: Punkt c
  > Mitte zwischen Punkt a und c = Punkt b (links und rechts)
  > Teil A, Vorderteil mit Fach und Henkel und die Teile A':
  Mitte oben = Punkt a
  Mitte unten = Punkt c
  Mitte links und rechts = Punkte b

- ⑭ Die Vorderseite (mit Fach und Henkel) mit der rechten Seite nach oben legen. Seitenstreifen und Reißverschlussteil an die Markierungspunkte a, b und c legen; dabei liegt die rechte Seite des Außenstoffs auf dem Vorderteil. An den Markierungspunkten mit Stecknadeln feststecken. Dabei darf der Henkel nicht mit Stecknadeln zwischen den Stoffteilen festgesteckt werden. Anschließend mit Stecknadeln rundherum feststecken. Der Innenstoff muss hierzu weggefaltet sein.

- Rundherum nähen (aber nicht durch den Innenstoff nähen).

- ⑮ Mit einem Teil A' an derselben Seite wiederholen. Dabei die noch nicht fertige Tasche wie auf dem Foto legen und den Innenstoff so weit wie möglich nach oben falten. Darauf Teil A' an den Markierungspunkten rechts auf rechts mit Stecknadeln feststecken.

- ⑯ Die Tasche sieht nach diesem Arbeitsschritt so aus wie auf dem Foto.

- ⑰ ⑱ Den gesamten vorherigen Schritt für Teil A und das andere Teil A' wiederholen. Im Innenstoff eine Wendeöffnung lassen (wie auf dem Schnittmuster eingezeichnet).

- Die Tasche wenden und die Wendeöffnung mit Blindstichen schließen (siehe Seite 149).

FERTIG!

Eigene Varianten

- Auch bei dieser Tasche können Sie mit der Form und mit den Maßen spielen. Die Arbeitsweise bleibt unverändert. Sie können auch die Ecken stärker abrunden oder bewusst eckiger gestalten. Vergrößern Sie die Tasche, machen Sie sie länger, höher oder breiter. So können Sie Ihre Tasche genau für den gewünschten Zweck nähen. Auf Seite 23 ist beschrieben, wie Sie die Schnittmusterteile anpassen können.
- Soll die Tasche einen langen Schulterriemen bekommen, befestigen Sie in jeder Zuglasche einen D-Ring. Nähen Sie einen langen verstellbaren Henkel (Anleitung Seite 156) mit zwei Karabinerhaken, die Sie in die D-Ringe einhängen können.
- Diese Tasche kann auch mit Schrägband versäubert werden wie bei der Tasche Rosalie auf Seite 13.
- Spielen Sie mit unterschiedlichen Stoffen: Ein strenges geometrisches Muster oder ein einfarbiger Stoff verleihen der Tasche sofort einen sachlicheren Charakter.
- Nähen Sie das Fach vorne an der Tasche aus einem anderen Stoff als die Tasche selbst oder verwenden Sie kontrastfarbiges Garn, um die Henkel anzunähen. So setzen Sie individuelle Akzente auf dieser Tasche.

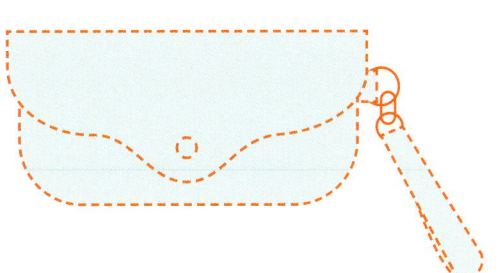

Juliette

Eine Clutch für jede Gelegenheit

Ideal für kleine Dinge, für festliche Anlässe oder als Taschenorganizer.

Part

Was brauchen Sie?

Juliette I

- 12 cm hoch
- 4 cm tief
- 21 cm breit

Juliette II

- 15 cm hoch
- 7 cm tief
- 28 cm breit

Juliette I (schwarz)

STOFF UND VLIESELINE

- 20 cm Außenstoff*
- 20 cm Innenstoff
- 20 cm Vlieseline H630

ZUBEHÖR

- farblich passendes Nähgarn
- Verschluss (Magnetverschluss, KAM-Snap, Druckknopf...)
- Falls mit Schlaufe: kleiner D-Ring (ø 1,5 cm) und Karabinerhaken
  Wird Paspelband verwendet: 45 cm für Juliette I, 60 cm für Juliette II

* Für eine Schlaufe noch 6 cm zur Stoffmenge hinzurechnen.

Juliette II (mit Rosenstoff)

STOFF UND VLIESELINE

- 25 cm Außenstoff*
- 20 cm Innenstoff
- 25 cm Vlieseline H630

Tipp: Verwenden Sie für diese Tasche lieber keine schweren Leinenstoffe. Diese sind sehr steif und verleihen der Clutch einen zu robusten Charakter. Weiche Baumwollstoffe, die wie in der Anleitung mit Vlieseline verstärkt werden, eignen sich besser für diese Clutch.

Vorbereitung

Juliette I Außenstoff

Juliette I Innenstoff

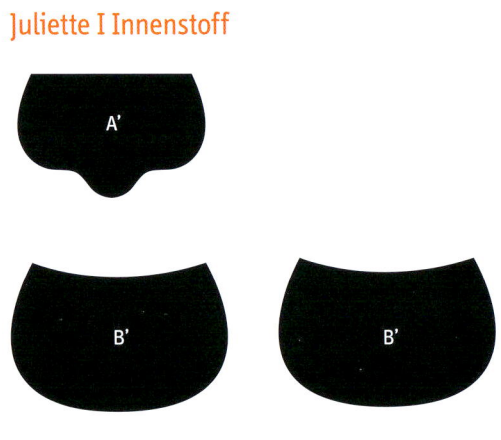

STOFF UND VERSTÄRKUNG NACH DEN SCHNITTMUSTERTEILEN AUF DEM SCHNITTMUSTERBOGEN ZUSCHNEIDEN
● **(SCHWARZ)**

- **Außenstoff**: 1x Teil A (Klappe), 1x Teil B (Vorderteil), 1x Teil C (Rückenteil unten), 1x Teil D (Rückenteil oben)
- **Innenstoff**: 1x Teil A', 2x Teil B'
- **Vlieseline H630**: 1x Teil A, 1x Teil B, 1x Teil C, 1x Teil D (nach Schnittmuster zuschneiden, rundherum 0,5 cm kleiner)

STOFF UND VERSTÄRKUNG NACH DEN ANGEGEBENEN MASSEN ZUSCHNEIDEN (BREITE X HÖHE)

Für eine abnehmbare Schlaufe: 1x Teil E (Lasche) = Quadrat à 6 cm x 6 cm und 1x Teil F (Schlaufe) = Rechteck, 38 cm x 6 cm.

VLIESELINE AUFBÜGELN

Vlieseline auf die Teile A, B, C und D bügeln.

MARKIERUNGEN AUF DEN STOFF ÜBERTRAGEN

Auf den Teilen A, C und D den Markierungspunkt a (Mitte des Schnittmusters) einzeichnen.

FORMNÄHTE (ABNÄHER) AUF DEN STOFF ÜBERTRAGEN

Auf den Teilen B, C und B' einzeichnen.

Juliette II Außenstoff

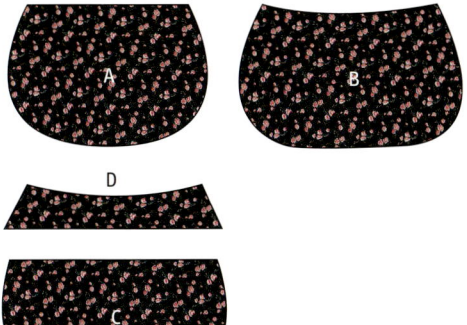

Juliette II Innenstoff

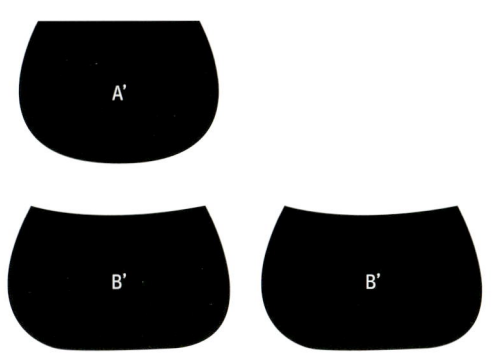

Nähen (1 cm von der Kante entfernt nähen, sofern nicht anders angegeben)

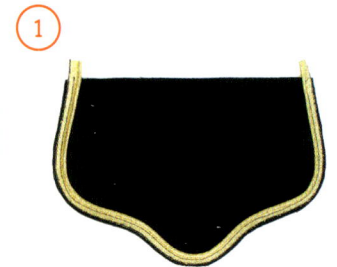

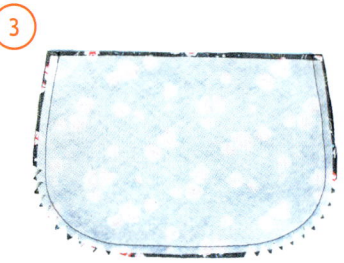

VERSCHLUSS

Juliette I (Druckknopf oder KAM-Snap)

- Diese Verschlüsse werden erst angebracht, wenn die Clutch fertig ist. Nach der Anleitung auf Seite 162 arbeiten.

Juliette II (Magnetverschluss)

- Das dünne, untere Teil des Verschlusses auf Teil A' nähen und das dickere obere Teil auf Teil B nach den Maßangaben auf dem Schnittmuster befestigen. Nach der Anleitung auf Seite 161 arbeiten.

Tipp: Für den Teil des Verschlusses, der in die Klappe genäht wird, können Sie jetzt nur die Schlitze einschneiden. Erst später, wenn die Klappe fertig ist, wird der Magnetverschluss eingesetzt. So ist dieser beim Nähen der Klappe nicht im Weg.

WENN DIE CLUTCH EINE SCHLAUFE BEKOMMEN SOLL

- Lasche und Schlaufe nach der Anleitung auf Seite 158 arbeiten.

KLAPPE FERTIGSTELLEN

- ① Wenn die Klappe eine Paspel bekommen soll (wie bei Juliette I), wird das Paspelband jetzt auf die rechte Seite von Teil A gesteppt. Nach der Anleitung auf Seite 148 arbeiten.

- ② Anschließend die beiden Teile A und A' rechts auf rechts aufeinanderlegen.

- Die Klappe entlang der Rundung nähen. Die obere Kante der Klappe offen lassen.

- ③ Die Rundungen der Klappe einknipsen oder die Nahtzugabe mit einer Zickzackschere zurückschneiden.

- Die Klappe durch die Öffnung an der oberen Kante wenden, die Rundungen gut ausstreichen und die Klappe bügeln. Eventuell nun noch einmal knappkantig an der Rundung entlangsteppen.

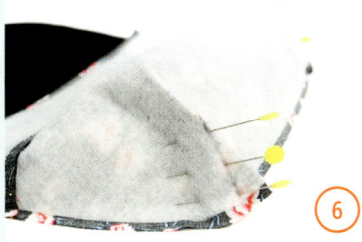

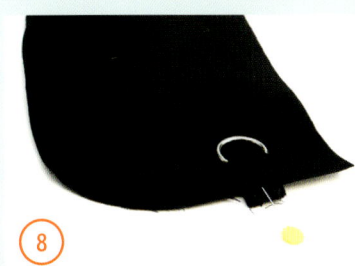

RÜCKENTEIL AUS AUSSENSTOFF

- ④ Die Teile A+A' (fertige Klappe), C und D aufeinander legen, dabei liegen die Punkte a genau aufeinander.
- Dabei die folgende Reihenfolge einhalten: Teil C mit der rechten Seite nach oben, darauf die Klappe (Teil A+A') mit dem Außenstoff nach unten und darauf Teil D mit der rechten Seite nach unten. Die geraden Seiten der Teile liegen bündig aufeinander. Gleichzeitig durch alle drei Lagen nähen.
- ⑤ Auffalten. Die Klappe nach oben legen und das eben genähte Rückenteil in die Verlängerung von Teil D (und von der Klappe) bügeln. Genau unter der Klappe knappkantig neben der Naht erneut nähen.

FORMNÄHTE NÄHEN

- ⑥ Den Stoff an den eingezeichneten Linien der Formnähte falten und mit Stecknadeln feststecken.
- ⑦ An der Außenkante des Stoffs anfangen zu nähen. Auf der Formnahtlinie gerade nach innen nähen. An der Spitze der Formnaht den Faden nicht vernähen, sondern ein paar Zentimeter lang hängen lassen. In den Faden einen Knoten binden, eine Stecknadel in den Knoten und in die Spitze der Formnaht stecken und den Knoten so anziehen, dass er möglichst nahe an der Spitze der Formnaht liegt.
- Bei allen vier Formnähten sowohl im Innen- als auch im Außenstoff ebenso arbeiten.

ÄUSSERE CLUTCH NÄHEN

- ⑧ Wenn die Tasche einen Henkel bekommen soll, erst die Lasche auf das Vorderteil aus Außenstoff nähen (laut Markierung im Schnittmuster von Juliette I). Dafür die Lasche mit dem D-Ring nach innen legen.
- Die Lasche auf der Außenseite knappkantig an der Seitenkante entlang festnähen (Hilfsnaht).
- ⑨ Die Teile C+D (mit der Klappe dazwischen) und B rechts auf rechts aufeinander legen und rundherum mit Stecknadeln feststecken. Die obere Kante bleibt offen.
- Die Formnähte müssen genau aufeinander liegen.

Juliette

Tipp: Um zu überprüfen, ob die Formnähte genau aufeinander liegen, stecken Sie eine Stecknadel durch eine Formnaht. Wenn sie auf der anderen Seite durch die Formnaht wieder herauskommt, liegen die Formnähte perfekt aufeinander.

- ⑩ Damit in den Nähten der Clutch kein Wulst entsteht, müssen die Nahtzugaben der Formnähte versetzt aufeinander liegen. Daher die Nahtzugabe immer zuerst nach links und die andere Nahtzugabe darüber nach rechts falten.
- Die beiden Teile von rechts oben nach links oben aufeinander nähen.
- Die Rundungen einknipsen oder mit einer Zickzackschere zurückschneiden.

INNERE CLUTCH NÄHEN

- Die innere Clutch (Teile B') ebenso wie die äußere Clutch nähen, jedoch eine Wendeöffnung an den Markierungen auf dem Schnittmuster offen lassen.

CLUTCH FERTIGSTELLEN

- ⑪ Die innere Clutch mit der rechten Seite nach außen wenden. Die innere in die äußere Clutch schieben. Jetzt liegen die rechten Seiten aufeinander. Die Klappe darf nicht nach außen hinausragen. Beide Teile oben mit Stecknadeln aneinander feststecken.
- Die Seitennähte müssen genau aufeinander liegen.

Tipp: Die Seitennähte auffalten, damit sie sich besser steppen lassen. So ist die Naht, durch die genäht werden muss, dünner.

- Oben rundherum nähen, dabei eine Wendeöffnung lassen.
- Die Clutch durch die Wendeöffnung wenden.
- ⑫ Die obere Naht zwischen den Fingern rollen, damit sie schön oben an der Kante liegt. Obere Kante mit Stecknadeln feststecken.
- Die obere Kante der Clutch knappkantig absteppen.
- Wendeöffnung mit Blindstichen schließen (siehe Seite 149).
- Die abnehmbare Schlaufe (falls genäht) kann jetzt mit dem Karabinerhaken in den D-Ring eingehängt werden.

FERTIG!

Eigene Varianten

- Wenn Sie keine Formnähte nähen möchten oder lieber eine ‚flachere' Clutch haben möchten, können Sie die Formnähte einfach weglassen. Die Clutch ist auch ohne Formnähte perfekt.
- Zeichnen Sie anstelle einer runden Form eine Clutch, die unten gerade ist. Wenn Sie Ecken einnähen, erhalten Sie eine Clutch mit flachem Boden (bei Augustine auf Seite 97 ist erklärt, wie die Ecken genäht werden).
- Juliette I ist eine Kopie von Juliette II, nur 20 % kleiner. Anhand des Basisschnittmusters können Sie Ihre eigene Clutch zeichnen oder eine anders geformte Klappe entwerfen. Wie wäre es mit stärkeren Rundungen oder doch rechtwinkligen Ecken? Oder zeichnen Sie eine Briefumschlagklappe oder ein einfaches Rechteck. Bei dieser Tasche ist alles möglich.
- Wenn Sie eine größere oder kleinere Ausführung haben möchten, legen Sie alle Schnittmusterteile auf den Kopierer und vergrößern/verkleinern Sie alle Teile um den gleichen Prozentsatz. Aber aufgepasst: Dabei vergrößert/verkleinert sich auch die Nahtzugabe. Die Nahtlinie (gestrichelt) bleibt unverändert, die Schnittlinie (durchgehend) wird 1 cm von der Nahtlinie entfernt neu eingezeichnet.
- Wenn Sie aus dieser Clutch eine kleine Schultertasche machen möchten, nähen Sie den Henkel so, wie es bei Augustine (Seite 98) erklärt ist. Mit einem schmalen Henkel bekommt die Clutch einen eleganteren Charakter.

Techniken

147 Schrägband

148 Paspelband

149 Blindstich

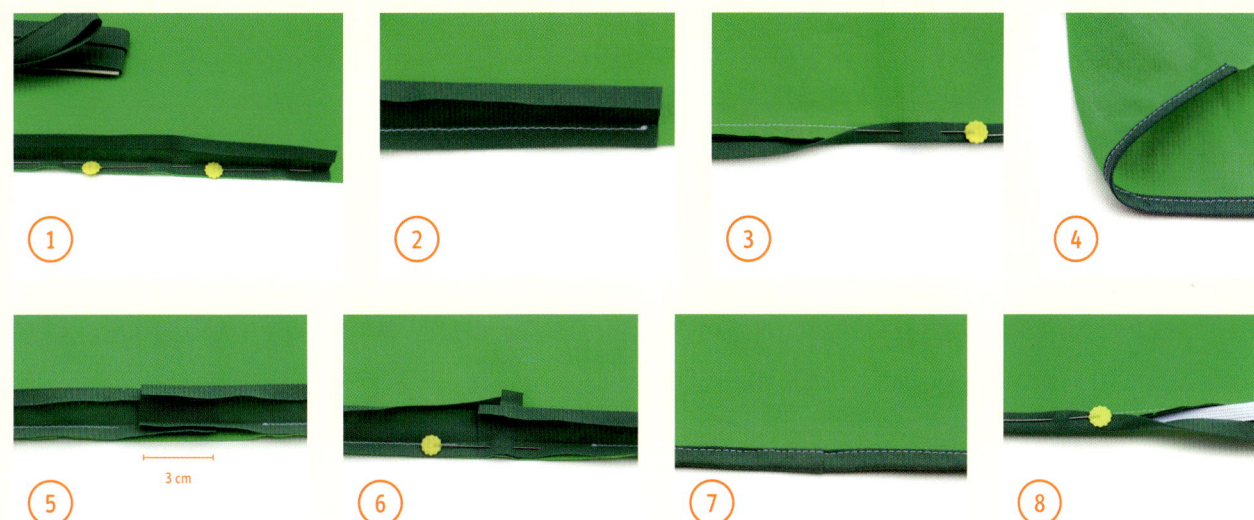

Schrägband

WAS IST EIN SCHRÄGBAND?

Bei einem Schrägband sind die linke und rechte Seite nach innen gefaltet. Damit werden nicht versäuberte Kanten schön umschlossen oder zusätzliche Farbakzente gesetzt.

ANFANG UND ENDE DES SCHRÄG-BANDS FALLEN NICHT ZUSAMMEN

- ① Schrägband auffalten und die Kante des Schrägbands mit der rechten Seite auf die Nahtkante legen.
- ② Direkt neben der Falte nähen (1 mm von der Falte entfernt Richtung Kante).
- ③ Schrägband um die Naht falten und mit Stecknadeln an der noch nicht genähten Seite feststecken.
- ④ Das Schrägband 1 mm von der Schrägbandkante entfernt festnähen.

ANFANG UND ENDE DES SCHRÄG-BANDS FALLEN GENAU ZUSAMMEN

- Schrägband auffalten und die Schrägbandkante mit der rechten Seite auf die Nahtkante legen.
- ⑤ Die ersten 4 cm frei lassen und direkt neben der Falte nähen (1 mm Richtung Kante), bis Sie fast wieder am Anfang angekommen sind. Die Naht 2 cm vor Anfang des Schrägbands beenden. Schrägband so abschneiden, dass sich Anfang und Ende 3 cm überlappen.
- ⑥ Das Ende des unten liegenden Schrägbands 1 cm nach innen falten und mit Stecknadeln feststecken. Die sich überlappenden Enden mit Stecknadeln feststecken.
- ⑦ Schrägband um die Naht falten und mit Stecknadeln an der noch nicht genähten Seite feststecken. Das Schrägband 1 mm von der Schrägbandkante entfernt feststeppen.

Tipp: Um die mit Schrägband versäuberte Innennaht zusätzlich zu verstärken, können Sie Fischbein einlegen. Steppen Sie dazu das Schrägband zunächst an eine Seite der Naht wie oben erklärt. Wenn Sie das Schrägband um die Naht herumfalten, legen Sie das Fischbein dazwischen. Mit Stecknadeln feststecken. Das Schrägband 1 mm von der Kante entfernt feststeppen; dabei wird auch das Fischbein befestigt.

Paspelband

WAS IST EIN PASPELBAND?

Ein Paspelband ist ein Band, das der Länge nach um eine Verdickung oder Schnur genäht ist. Es wird in eine Naht eingenäht, um so einen Akzent zu setzen.

ANFANG UND ENDE DES PASPEL- BANDS FALLEN NICHT ZUSAMMEN

- ⑨ Das Paspelband auf die rechte Stoffseite legen, die Paspelnaht verläuft 1 cm von der Kante entfernt. Mit Stecknadeln feststecken.
- Das Paspelband mit dem Reißverschlussfuß oder einem nahtverdeckten Reißverschlussfuß festnähen. Bei einem normalen Reißverschlussfuß können Sie die Nadel so einstellen, dass Sie so dicht wie möglich an der Paspel entlangsteppen. Bei einem nahtverdeckten Reißverschlussfuß passt das Paspelband genau in eine der beiden Rillen. Dies gilt jedoch nicht bei jedem nahtverdeckten Reißverschlussfuß.

Tipp: Erleichtern Sie sich den nächsten Arbeitsschritt, indem Sie ein Garn verwenden, das sich gut vom Stoff abhebt. So können Sie die Naht, mit der das Paspelband gesteppt wird, besser erkennen und diese später zur Orientierung nutzen. Diese Naht ist in der fertigen Tasche nicht mehr zu sehen.

- ⑩ Ein anderes Teil mit der rechten Seite nach oben legen. Das Teil, auf das eben das Paspelband genäht wurde, mit der rechten Seite nach unten darauflegen. So liegen die Teile rechts auf rechts aufeinander und die Paspel liegt dazwischen. Die Teile aneinandernähen.
- Dabei die vorherige Naht zur Orientierung nutzen. Die Nadel so ausrichten, dass etwa 1 mm näher an der Paspel (Verdickung) genäht wird als bei der ersten Naht. Nur dann ist keine Paspelnaht mehr zu sehen, nachdem Sie die Tasche gewendet haben.

Tipp: Sollten Sie beim Wenden feststellen, dass die Paspelnaht an einigen Stellen doch noch sichtbar ist, wenden Sie die Tasche wieder auf links und nähen Sie an diesen Stellen nochmals dichter an der Paspel entlang. Nähen Sie jedoch nicht zu dicht an der Paspel und keinesfalls durch die Paspelschnur.

ANFANG UND ENDE DES PASPEL- BANDS FALLEN GENAU ZUSAMMEN

- Wenn das Paspelband rund um ein Stoffteil herum genäht wird, werden Anfang und Ende des Paspelbands etwas anders bearbeitet.
- ⑪ Das Paspelband mit Stecknadeln so feststecken, wie oben erklärt, und zwar rund um das gesamte Teil. Das Ende des Paspelbands soll den Anfang 5 cm weit überlappen. Die Enden noch nicht mit Stecknadeln feststecken. Nun 5 cm nach Anfang des Paspelbands anfangen zu nähen und an dieser Stelle auch wieder enden. An Anfang und Ende des Paspelbands sind also 5 cm nicht genäht.
- ⑫ Bei diesen letzten 5 cm die Naht an der Paspel auftrennen und 5 cm der Schnur bzw. Verdickung abschneiden.

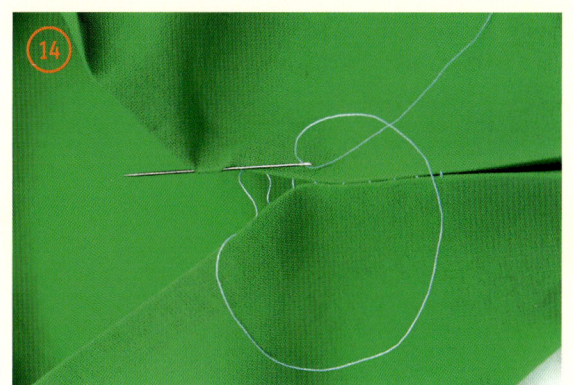

- ⑬ Nun passen die ersten 5 cm des Paspelbands genau hinein. Das Ende der Paspel 1 cm nach innen falten, die ersten 5 cm des Paspelbands in das nicht genähte Ende legen und mit Stecknadeln feststecken.
- Jetzt das letzte Stück des Paspelbands am Stoff festnähen.

Wenn eine Stoffnaht in der Nähe der Stelle liegt, an der sich Anfang und Ende des Paspelbands überlappen, können Sie die Überlappung genau an diese Stelle legen.

Blindstich

- Zunächst die Öffnung mit Stecknadeln schließen.
- An einem Fadenende einen Knoten binden. Das andere Fadenende durch die Öse der Nadel fädeln.
- Die Nadel unter die obere Falte stecken und genau in der Falte wieder nach außen stechen. So bleibt der Knoten in der Naht verborgen.
- Genau gegenüber der Stelle, an der die Nadel herauskommt, die Nadel in die untere Falte der Naht stechen. Den Stoff gut zusammenziehen und genau in der Falte einen Stich von 0,5 cm Länge nähen. Nun kommt die Nadel wieder aus dem Stoff, sie liegt dabei immer noch in der unteren Falte.

- ⑭ Diese Arbeitsschritte wiederholen, jetzt die Nadel in die obere Falte stechen. So werden es ‚Leiterstiche'.
- Zwischendurch immer wieder gut festziehen, dann ist das Nähgarn nicht mehr zu sehen.
- Am Ende wird der Faden wieder verknotet. Einen letzten kleinen Stich nähen, das Garn jedoch nicht ganz fest anziehen. So entsteht ein Kreis, durch den die Nadel gestochen wird. Jetzt den Faden anziehen und so einen Knoten in den Faden binden.
- Den Faden nicht einfach abschneiden, sondern die Nadel in die Naht stechen und einige Zentimeter weiter wieder heraustreten lassen. An dieser Stelle den Faden abschneiden.

Innenfächer

151 Einfaches Innenfach, das so breit wie die Innenseite ist

151 Einfaches Innenfach, das schmaler als die Innenseite ist

151 Innenfach mit Gummiband über die Breite der Innenseite

153 Innenfach mit Reißverschluss

Innenfächer werden auf die aus Innenstoff zugeschnittenen Teile genäht (in den Anleitungen meist die Teile A'), bevor die Tasche zusammengesetzt wird.

Einfaches Innenfach, das so breit wie die Innenseite ist

Aus dem Innenstoff zwei Teile X schneiden, die genauso breit sind wie das Schnittmuster (z. B. Vorder- oder Rückenteil). Die Höhe der Teile hängt davon ab, wie hoch das Innenfach werden soll. Zu der gewünschten Höhe noch 2 cm Nahtzugabe hinzurechnen. Da das Innenfach ebenso breit wird wie die Tasche, wird es in den Seitennähten mitgesteppt, beispielsweise bei Lena (Seite 79): Das Schnittmuster ist 50 cm breit. Also zwei Teile X mit den Maßen 50 cm x 25 cm zuschneiden (wenn das Innenfach 23 cm hoch werden soll).

- Die beiden Teile X rechts auf rechts aufeinander legen und an einer langen Kante steppen. Umfalten, sodass die linken Seiten aufeinander liegen, und bügeln. Diese lange Kante knappkantig absteppen.
- ① Dieses ‚Fach' auf die rechte Stoffseite von einem Teil A' legen: Die untere Kante des Fachs und die untere Kante von Teil A' liegen bündig aufeinander.

- An den kurzen Seiten und an der unteren Kante 0,5 cm von der Kante entfernt nähen. Mit dieser Hilfsnaht kann das Innenfach bei den weiteren Arbeitsschritten zum Zusammennähen der Tasche nicht verrutschen.
- Wenn das Innenfach unterteilt werden soll, die entsprechenden Linien mit einem dünnen Bleistift oder mit einem Stück Washi-Tape markieren. Die eingezeichneten Unterteilungen von oben nach unten einnähen, dabei die Naht am Anfang und am Ende gut sichern.

Einfaches Innenfach, das schmaler als die Innenseite ist

Aus dem Innenstoff zwei Teile X zuschneiden, deren Breite und Höhe sich nach der gewünschten Größe des Innenfachs richtet. Zu der gewünschten Breite des Innenfachs noch 2 cm Nahtzugabe hinzurechnen, ebenso zu der gewünschten Höhe. Wenn das Innenfach z. B. 20 cm breit und 15 cm hoch werden soll, werden zwei Teile X mit den Maßen 22 cm x 17 cm zugeschnitten.

- Die beiden Teile X rechts auf rechts aufeinanderlegen. Rundherum zusammennähen, jedoch eine Wendeöffnung von 5 cm an der unteren Kante offen lassen.
- ② Die vier Ecken zurückschneiden und durch die Wendeöffnung wenden. Das Innenfach bügeln.

- Die obere Kante knappkantig steppen. Die anderen drei Seiten folgen später.
- ③ Das genähte Innenfach auf die Innenseite der Tasche legen und mit Stecknadeln feststecken.
- An den Seiten und der unteren Kante knappkantig aufnähen. Auf diese Weise wird auch die Wendeöffnung geschlossen.
- Wenn das Innenfach unterteilt werden soll, die entsprechenden Linien mit einem dünnen Bleistift oder mit einem Stück Washi-Tape markieren. Die eingezeichneten Unterteilungen von oben nach unten nähen, dabei die Naht am Anfang und am Ende gut sichern.

Innenfach mit Gummiband über die Breite der Innenseite

Aus dem Innenstoff ein Teil X zuschneiden, das etwa 40 % breiter ist als das Schnittmuster. Die Höhe dieses Teils X hängt davon ab, wie hoch das Innenfach werden soll. Zu der gewünschten Höhe noch 4 cm Nahtzugabe hinzurechnen. Dieses Innenfach mit Gummiband wird letztendlich genau so breit wie die Tasche und daher in den Seitennähten mitgesteppt. Beispielsweise bei Lena (Seite 79): Das Schnittmuster ist 50 cm breit. Hier schneiden Sie ein Teil X mit den Maßen 70 cm x 27 cm.

Innenfächer 151

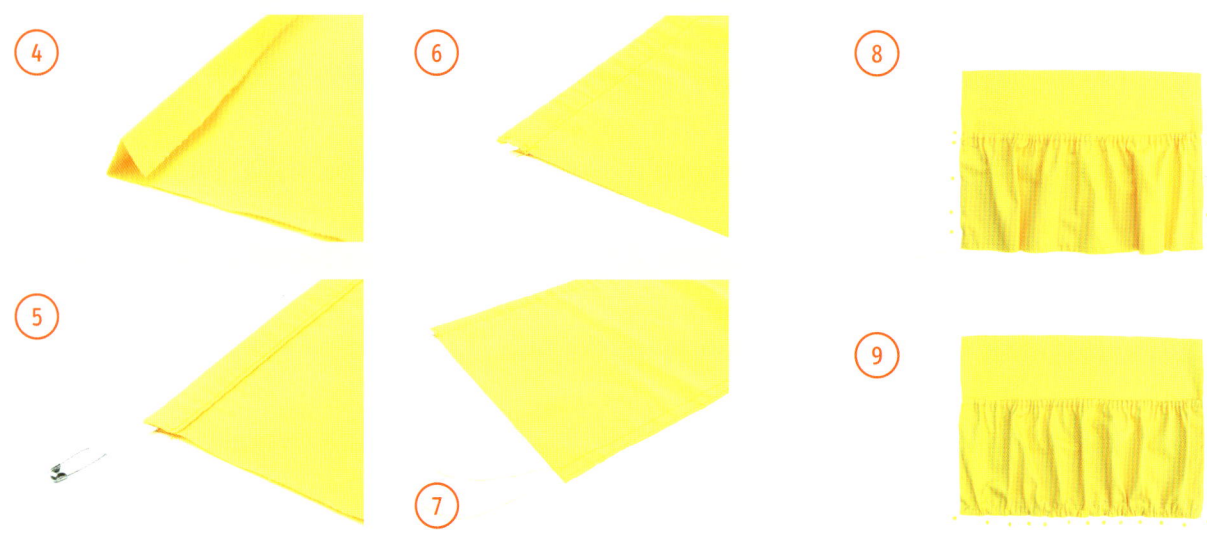

- ④ Das Teil X mit der rechten Seite nach unten legen. 1,5 cm einer langen Seiten umbügeln. Nochmals 1,5 cm umbügeln.
- ⑤ Mit Stecknadeln feststecken und den ‚Tunnel' nähen. Durch den Tunnel ein Gummiband ziehen, das einige Zentimeter länger ist als Teil X.
- ⑥ Das Gummiband an einer offenen Seite des Tunnels knappkantig festnähen.
- ⑦ An die andere lange Seite von Teil X zwei ‚Kräuselfäden' einsteppen (gleich wird klar, warum diese Fäden ‚Kräuselfäden' heißen). Mit dem größten geraden Stich nähen und am Anfang und am Ende NICHT mit Rückstichen sichern, sondern die Fäden am Anfang und am Ende der Naht einfach hängen lassen. Eine Naht mit der Nadel ganz rechts, die andere Naht mit der Nadel ganz links nähen.

- Das Gummiband durch den oberen Rand ziehen, bis die Breite von Teil A' erreicht ist; bei Lena sind das 50 cm. Das Gummiband an der noch offenen Seite des Tunnels knappkantig festnähen.
- ⑧ Dieses Fach mit dem Gummiband oben und mit der rechten Seite nach oben auf die rechte Seite von einem Teil A' legen; dabei liegen die unteren Kanten des Fachs und von Teil A' bündig aufeinander. An den Seiten mit Stecknadeln feststecken.
- An diesen Seiten 0,5 cm (Hilfsnaht) von der Kante entfernt bis etwa 7 cm vor die untere Kante nähen.
- ⑨ Jetzt die untere Kante des Fachs kräuseln, indem vorsichtig an den losen Fäden der ‚Kräuselnaht' gezogen wird. Diese Kante soweit kräuseln, bis sie genau so breit ist wie Teil A'. Die Kräusel gleichmäßig über die gesamte Breite verteilen und mit Stecknadeln feststecken.

- Die untere Kante etwa 0,5 cm von der Kante entfernt festnähen (Hilfsnaht).
- Den obersten Kräuselfaden herausziehen, der unterste kann im Stoff bleiben, da er von der Naht verdeckt wird.
- Wenn das Innenfach unterteilt werden soll, die entsprechenden Linien mit einem dünnen Bleistift oder mit einem Stück Washi-Tape markieren. Die eingezeichneten Unterteilungen von oben nach unten steppen, dabei die Naht am Anfang und am Ende gut sichern.

Innenfach mit Reißverschluss

Die Länge des Reißverschlusses wird hier mit B angegeben.
Teil X = B cm x 35 cm.

- ⑩ Auf die linke Stoffseite des Innenteils einen Streifen Bügelvlies genau auf die Stelle aufbügeln, auf die der Reißverschluss kommen soll. Darauf genau in der Mitte und 7 cm von der oberen Kante entfernt ein Rechteck von B-2 cm x 1 cm einzeichnen (schwarze Linien auf dem Foto). In dieses Rechteck genau in der Mitte eine waagerechte Linie einzeichnen und von dort aus vier schräge Linien in die vier Ecken des Rechtecks ziehen (rote Linien auf dem Foto).

- ⑪ Die waagerechte Linie und die schrägen Linien in dem Rechteck aufschneiden.

- Den Stoff auf die linke Seite der Taschenseite falten und die eingeschnittene Öffnung glattbügeln.

- ⑫ Teil X mit der rechten Seite nach oben legen. Darauf den Reißverschluss mit der rechten Seite nach oben bündig auf eine kurze Seite legen. Mit Stecknadeln feststecken.

- Knappkantig nähen.

- ⑬ Den Reißverschluss ein Stück weit öffnen. Teil X mit dem Reißverschluss um 180° drehen, sodass der Reißverschluss unten liegt. Darauf das Innenteil mit der rechten Seite nach oben legen. Das Teil so legen, dass der Reißverschluss genau in der Mitte liegt (links-rechts und oben-unten). Mit Stecknadeln feststecken.

- Streng genommen müsste nur die untere Kante festgesteckt werden, doch es vereinfacht das Nähen, wenn beide Kanten mit Stecknadeln festgesteckt sind.

- ⑭ Das Innenteil und Teil X mit dem Reißverschluss nur an der Unterseite des zugeschnittenen Rechtecks zusammennähen.

- ⑮ Das Innenteil wieder umdrehen. Teil X falten, bis die obere Kante bündig auf der oberen Kante des Reißverschlusses liegt. Vorläufig mit Stecknadeln feststecken. Eventuell kann Teil X mit einer Hilfsnaht an den Reißverschluss gesteppt werden.

- ⑯ Das Innenteil wieder mit der rechten Seite nach oben legen. Die obere Kante mit Stecknadeln feststecken und die vorläufig an die andere Seite gesteckte Nadel wieder herausziehen.

- ⑰ Jetzt die kurzen Seiten und die obere Kante des zugeschnittenen Rechtecks nähen; dabei wird durch Innenteil, Reißverschluss und Teil X genäht.

- ⑱ Das Innenteil teilweise nach innen falten, damit es nicht im Weg liegt, wenn die Seitenkante des Innenfachs genäht wird. Die Seite des Fachs (das gefaltete Teil X) mit Stecknadeln feststecken und über die gesamte Länge nähen. An der anderen Seite wiederholen.

Henkel

155 Gurtband

155 Stoffhenkel aus einem Stoff

155 Stoffhenkel aus zwei Stoffen

156 Verstellbarer Henkel

156 Lederhenkel

157 Kurze Henkel an Ringen

158 Abnehmbare Schlaufe + Lasche

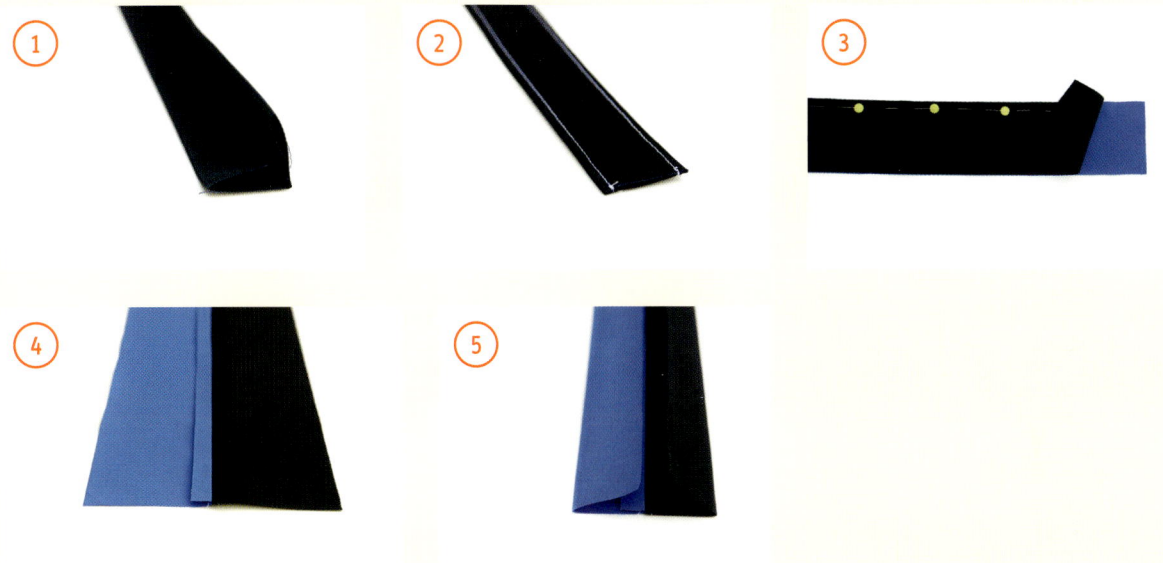

Gurtband

Gurtband von fester Qualität verwenden. Die Breite variiert meist zwischen 3 cm und 4 cm, ideal für einen Henkel. Bitte beachten: Gurtband ist kein Köperband. Letzteres ist nicht fest genug für einen Taschenhenkel.

Stoffhenkel aus einem Stoff

- Zuerst festlegen, wie lang (L) und breit (B) der Henkel werden soll. Bei den Taschen in diesem Buch sind diese Maße bei den einzelnen Anleitungen angegeben. Aus dem Stoff ein Rechteck mit den Maßen L cm lang und 4x B cm breit zuschneiden.
- Das Rechteck der Länge nach falten, bügeln und auffalten.
- ① Die langen Seiten zur Mittelfalte falten und bügeln.
- ② Das Rechteck einmal falten und die beiden langen Seiten knappkantig absteppen.

Stoffhenkel aus zwei Stoffen

- Es kann hübsch aussehen, wenn der Henkel aus einer Kombination aus Außen-und Innenstoff genäht ist.
- Auch hier zuerst festlegen, wie lang (L) und breit (B) der Henkel werden soll. Sowohl aus dem Außen-, als auch aus dem Innenstoff ein Rechteck mit den Maßen L cm lang und (2x B) +1 cm breit zuschneiden.
- ③ Beide Teile rechts auf rechts aufeinanderlegen. Eine lange Seite mit Stecknadeln feststecken.
- Die lange Seite nähen.
- ④ Auffalten und die Naht aufbügeln. Das ist die mittlere Falte des Henkels.
- ⑤ Die langen Seiten an die Mittelfalte falten und bügeln.
- Das Rechteck zusammenfalten und die beiden langen Seiten knappkantig absteppen, dabei ein farblich zu den beiden Stoffen passendes Garn (Ober- und Unterfaden) verwenden.

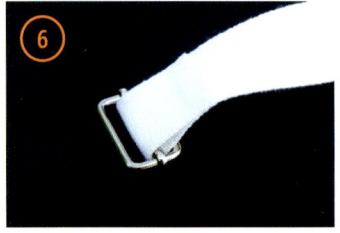
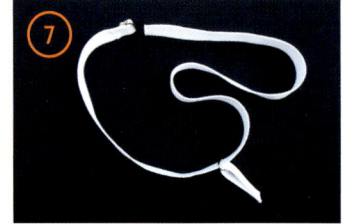
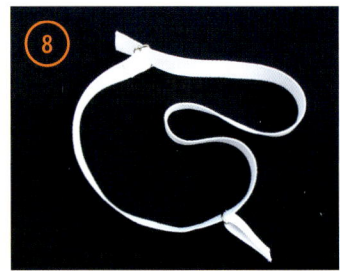
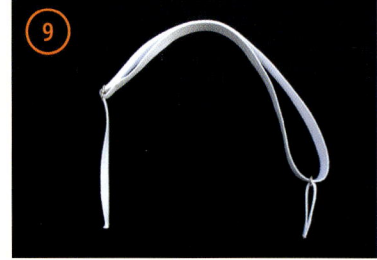

Verstellbarer Henkel

- Wenn der Stoffhenkel in der Länge verstellbar sein soll, brauchen Sie noch eine Leiterschnalle und eine Metallschlaufe.
- Aus dem Stoff oder Gurtband 2 Streifen schneiden: der kurze Streifen ist 15 cm lang, der lange Streifen 120 cm. Die Breite der Stoffstreifen hängt von der Breite des fertigen Henkels B ab. Siehe die Anleitung oben.
- Aus den beiden Streifen je einen Henkel nähen, wie oben erläutert.
- Das kurze Henkelstück nun durch die Metallschlaufe stecken. Zusammenfalten und die offenen Enden des Henkels mit kleinen Zickzackstichen versäubern.

Tipp: Wenn der Henkel aus Außen- und Innenstoff genäht ist, kommt der Innenstoff auf die Innenseite.

- ⑥ Ein Ende des langen Henkelstücks durch die Leiterschnalle ziehen, zurückfalten und ein paar Zentimeter herausragen lassen. Festnähen.

Tipp: Bei einem Stoffhenkel das nicht versäuberte Ende 1 cm nach innen falten und feststeppen.

- ⑦ ⑧ ⑨ Das andere Ende des langen Henkelstücks durch die Metallschlaufe und wieder zurück durch die Leiterschnalle ziehen. Die Fotos zeigen die richtige Reihenfolge.

Lederhenkel

- Ein Gürtel lässt sich auch als Henkel verwenden, ohne dass die Nähmaschine benötigt wird; verwenden Sie beispielsweise Hohlnieten (Vollnieten oder Nietnägel), um den Lederhenkel an der Tasche zu befestigen.

LEDERRIEMEN MIT RINGEN/METALLSCHLAUFEN AN LASCHEN

- Die Laschen an der Tasche können aus Stoff oder Leder gemacht werden.

Stoff

> ⑩ Zwei kleine Laschen mit D-Ring machen (siehe Anleitung für die Lasche bei der abnehmbaren Schlaufe auf Seite 158). Dazu benötigen Sie einen Stoffstreifen von 12 cm Breite und 5 cm Länge für eine Lasche und einen 3 cm breiten D-Ring.

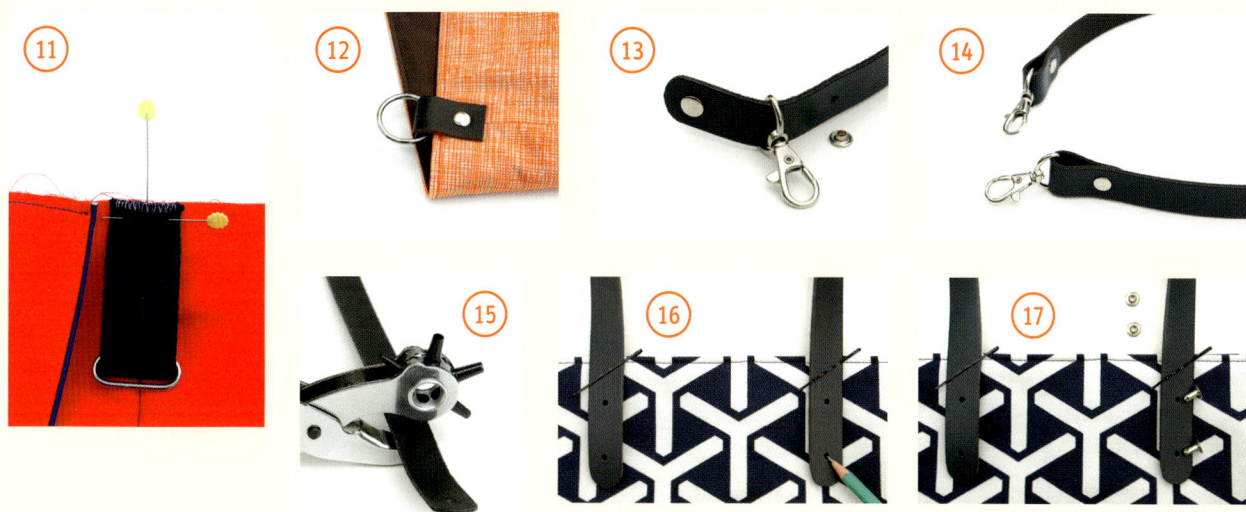

> ⑪ Die Laschen mit Stecknadeln auf den Seitennähten der fertigen Außentasche (auf der rechten Seiten) feststecken, wie es bei einem Henkel gemacht wird. Dann 0,5 cm von der Kante entfernt (Hilfsnaht) festnähen.
> Die Tasche fertigstellen, wie es in der jeweiligen Anleitung beschrieben ist.

Leder

> ⑫ Benötigt werden zwei 7,5 cm lange Lederstücke. Nach der Anleitung für Pauline II auf Seite 34 arbeiten, um die Lederlaschen mit O-Ringen an der Tasche zu befestigen. Im Gegensatz zu Stofflaschen werden Lederlaschen erst dann befestigt, wenn die Tasche ganz fertig ist.

- Ein Ende des Lederhenkels (oder Gürtels) durch den D- oder O-Ring stecken, das Ende auf die linke Seite des Henkels falten und mit einer Hohlniete befestigen. Bei Pauline II auf Seite 34 finden Sie Fotos und weitere Erläuterungen.
- An der anderen Seite des Lederhenkels wiederholen.

Tipp: Wenn der Henkel abnehmbar sein soll, können Sie den Lederhenkel mit zwei Karabinerhaken anstelle der D-Ringe befestigen. ⑬ Diese können dann in die D-Ringe der Tasche eingehängt werden. ⑭

LEDERHENKEL DIREKT AUF DER TASCHE BEFESTIGEN

- ⑮ An den beiden Enden des Lederhenkels jeweils zwei Löcher stanzen.
- Zwischen den Löchern ausreichenden Abstand lassen (z. B. 3 cm), damit sich die Hohlnieten leicht anbringen lassen.
- ⑯ Den Henkel auf die fertige Tasche legen und mit einem Bleistift die Löcher auf der Tasche einzeichnen.
- Die Löcher auch in die Tasche stanzen.
- ⑰ Den Henkel mit Hohlnieten an der Tasche befestigen.
- Die Hohlnieten werden nach der Anweisung auf der Verpackung durch die Stanzlöcher in Henkel und Tasche befestigt. Hierzu ist kein spezielles Werkzeug erforderlich; die in der Verpackung enthaltenen Platten und ein Hammer reichen völlig aus.

Kurze Henkel an Ringen

- Den Stoffhenkel oder das Gurtband in drei Teile teilen: zwei kurze 5 cm lange Stücke und ein längeres, 54 cm langes Stück. Außerdem werden zwei Metallschlaufen benötigt, die ebenso breit wie der Henkel sein müssen.

 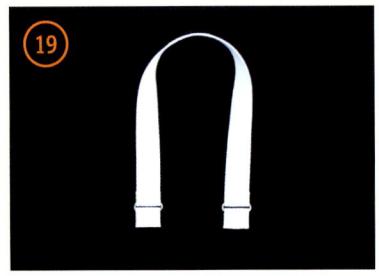 

- ⑱ Aus den beiden kurzen Stücken jeweils eine Lasche machen, dabei nach der Anleitung zur Lasche bei einer abnehmbaren Schlaufe vorgehen (Seite 158). Eine Metallschlaufe darüber ziehen und zusammenfalten. Die beiden Enden mit kleinen Zickzackstichen zusammennähen.
- ⑲ Durch eine der Metallschlaufen eines der Enden des langen Stücks Gurtband oder Stoffhenkel ziehen. 2 cm umfalten und festnähen. Mit dem anderen Ende des langen Stücks wiederholen.
- ⑳ Die Enden der kurzen Laschen so außen auf die Tasche nähen, wie es in der Anleitung für die jeweilige Tasche erklärt ist.

Abnehmbare Schlaufe + Lasche

- Benötigt werden ein D-Ring und ein Karabinerhaken, die beide genauso breit sind wie der Henkel. Anschließend zwei Stoffstreifen zuschneiden: Der erste Streifen muss die Maße 6 cm x 4x B (Breite des Henkels) haben, der zweite 38 cm x 4x B.
- Falten und den kurzen Streifen nach der Anleitung auf Seite 155 nähen (Henkel nähen). Einen kleinen D-Ring darüber schieben und zusammenfalten. Die beiden Enden mit kleinen Zickzackstichen zusammennähen.
- Den langen Streifen längs zusammenfalten und bügeln. Wieder auffalten und die langen Seitenkanten an die Mittelfalte bügeln.
- ㉑ Den ‚gefalteten Henkel' durch einen Karabinerhaken ziehen, die beiden Enden des Henkels aufeinanderlegen, aufgefaltet und rechts auf rechts aufeinander festnähen.

- ㉒ Den Henkel an den Bügelfalten zusammenlegen und mit Stecknadeln feststecken.
- Den Henkel an den Seiten knappkantig absteppen. Den Henkel unter den Fuß der Nähmaschine legen und darauf achten, dass der Karabinerhaken über den Henkel mitgleitet. Auf diese Weise beide Kanten des Henkels nähen.
- ㉓ Jetzt ist eine lange Schlaufe mit einem Karabinerhaken fertig. Die Schlaufenenden direkt neben dem Karabinerhaken zusammennähen, sodass der Karabinerhaken nicht verrutscht.
- Die Lasche mit dem D-Ring an die Tasche nähen. Bei Juliette (Seite 135) finden Sie ein Beispiel. Die abnehmbare Schlaufe wird mit dem Karabinerhaken in den D-Ring eingehängt.

Verschlüsse

161	Magnetverschluss
162	Drehverschluss
162	Druckknopf oder KAM-Snap
163	Reißverschlussstreifen
163	Versenkter Reißverschluss I (Alice)
164	Versenkter Reißverschluss II (Lena)
165	Karabinerhaken und Schnalle

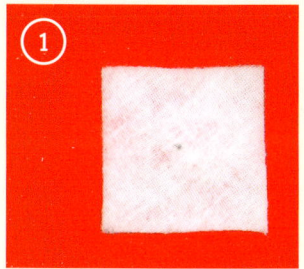 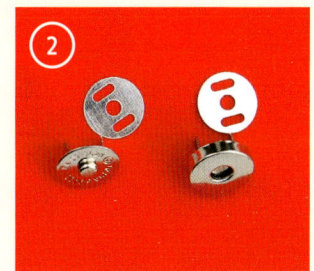  

Magnetverschluss

- Dieser Verschluss wird auf Vorder- und Rückteil des Innenstoffs angebracht, und zwar ganz am Anfang, bevor die Tasche zusammengenäht wird.
- ① Auf Vorder- und Rückenteil einzeichnen, wo der Verschluss sitzen soll: genau mittig und 4 cm von der oberen Kante entfernt. Diese Stelle wird zusätzlich verstärkt (auf der linken Seite, sodass die Verstärkung bei der fertigen Tasche nicht mehr sichtbar ist). Dazu ein kleines Quadrat Vlieseline H630 oder Bügelvlies à 4 cm x 4 cm aufbügeln. Auf dieser Verstärkung dieselbe Markierung einzeichnen (genau mittig und 4 cm von der oberen Kante entfernt).
- Diese Markierung ist der Mittelpunkt der Magnetverschlussteile.
- ② Ein Magnetverschluss besteht aus vier Teilen: aus zwei Metallplatten, einem dünneren und einem dickeren Plättchen.
- ③ Ein Metallplättchen auf eine der eingezeichneten Markierungen legen. Die senkrechten Schlitze in dem Plättchen liegen genau links und rechts der Markierung. Mit einem Bleistift eine Linie in diese Schlitze zeichnen.
- Mit einem Trennmesser entlang dieser Linie aufschneiden.
- ④ Auf der rechten Stoffseite das dickere Plättchen des Magnetverschlusses durch diese Schlitze stecken und an der Rückseite (auf der linken Seite) das Metallplättchen darauf drücken.
- Die Metallstifte des dickeren Plättchens nach innen auf das Metallplättchen umbiegen. Nun ist das erste Teil befestigt.
- Diese Arbeitsschritte mit dem dünneren Plättchen des Verschlusses und dem anderen Metallplättchen wiederholen.

Tipp: Manche Magnetverschlüsse lassen sich nur recht schwer öffnen. Tupfen Sie ein wenig durchsichtigen Nagellack auf beide Teile des Magnetverschlusses. So ist die Magnetwirkung geringer und der Verschluss lässt sich leichter öffnen.

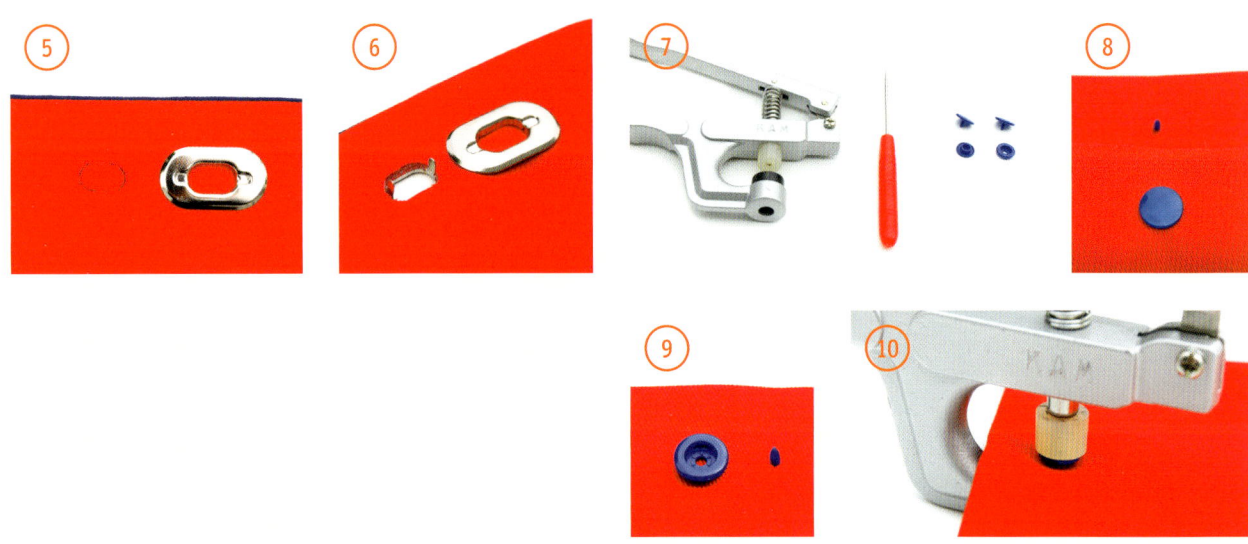

Drehverschluss

- Das drehbare Teil des Drehverschlusses kommt ebenso wie beim Magnetverschluss auf das Vorderteil der Tasche, und zwar ganz am Anfang, bevor die Tasche zusammengenäht wird.

- ⑤ Das Teil mit der ovalen Öffnung wird erst dann auf der Klappe angebracht, wenn die Tasche fertig ist. So lässt sich anhand des drehbaren Teils genau bestimmen, wo sich die ovale Öffnung genau befinden muss. Die ovale Öffnung auf der Innenseite der Klappe einzeichnen. Öffnung durch die gesamte Klappe hindurch ausschneiden.

Tipp: Damit es schöner aussieht, schneiden Sie das Oval ein wenig größer aus als es eingezeichnet ist.

- ⑥ Die ovalen Teile durch die Öffnung stecken und mit den Zacken an der Rückseite der Klappe befestigen.

Druckknopf oder KAM-Snap

Diese einfachen Verschlüsse werden ganz am Schluss angebracht, wenn die Tasche fertig genäht ist. Ein Druckknopf oder KAM-Snap geht durch Außen- und Innenstoff und sieht auch an der Innenseite schön aus.

Bei Druckknöpfen empfehlen wir, den Herstellerangaben auf der Verpackung zu folgen. Eine spezielle Zange ist dafür nicht nötig, das beiliegende Hilfsstück und ein Hammer reichen aus, um einen Druckknopf anzubringen.

- ⑦ Für einen KAM-Snap benötigen Sie hingegen spezielles Werkzeug. Dies ist zusammen mit den KAM-Snaps im Set erhältlich.

Ein KAM-Snap wird folgendermaßen angebracht:

- Zuerst festlegen, an welcher Stelle der KAM-Snap sitzen soll. Dazu die Teile, auf die der KAM-Snap kommen soll (z. B. Klappe und Vorderteil) aufeinander legen und mit der beiliegenden Ahle durch alle Stoffteile gleichzeitig ein Loch stechen.

- ⑧ In jedes dieser beiden Löcher wird ein Teil des KAM-Snaps eingesetzt. In die Klappe der Tasche wird beispielsweise das „Kappen"-Teil (mit dem Zapfen) des KAM-Snaps an der Vorderseite durch das Loch gesteckt.

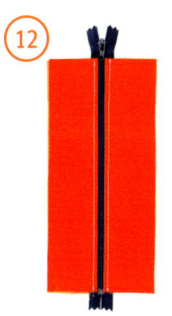

- ⑨ An der Rückseite der Klappe wird das „Socket"-Teil des KAM-Snaps angebracht (mit der Vertiefung).
- ⑩ Mit der KAM-Snap-Zange die KAM-Snap-Teile fest zusammendrücken.
- Mit dem anderen KAM-Snap-Teil auf dem Vorderteil der Tasche wiederholen. Zum Test den KAM-Snap schließen: Wenn Sie einen Klick hören, sitzen die Teile richtig. Ist kein Klick zu hören, drücken Sie die beiden Teile mit der Zange noch einmal fester zusammen.

Reißverschlussstreifen (Rosalie, Ida, Celeste)

Tipp: Es ist einfacher zu nähen, wenn der Reißverschluss länger ist als die Stoffstreifen. Die überschüssige Reißverschlusslänge wird am Ende abgeschnitten.

Benötigt werden zwei Streifen B (Außenstoff) und zwei Streifen B' (Innenstoff).

- ⑪ Ein Teil B mit der rechten Seite nach oben legen. Darauf kommt rechts auf rechts der Reißverschluss. Die Reißverschlusskante liegt bündig an der Stoffkante. Darauf kommt ein Teil B' mit der rechten Seite nach unten.
- Die langen Kanten oben aufeinander legen. Jetzt die drei Lagen mit dem Reißverschlussfuß zusammennähen (mit 0,75 cm Nahtzugabe).
- Auffalten und die beiden Stoffstreifen links auf links aufeinanderlegen. Vorsichtig am Reißverschluss entlangbügeln. Diesen Arbeitsschritt auf der anderen Seite des Reißverschlusses mit den beiden anderen Teilen B und B' wiederholen.
- ⑫ Die Streifen knappkantig neben dem Reißverschluss absteppen. So wird in einem Arbeitsgang sowohl durch den Außen- als auch durch den Innenstoff genäht.
- ⑬ Den Reißverschluss teilweise öffnen und die überschüssige Länge des Reißverschlusses abschneiden, sodass dieser genauso lang ist wie die Stoffstreifen. Die Seite, an der sich der Reißverschluss öffnen lässt, mit einigen Zickzackstichen sichern, damit der Reißverschluss nicht mehr auseinanderfallen kann. So erleichtern Sie sich den nächsten Arbeitsschritt beim Nähen der Tasche.

Tipp: Wenn die Breite der Tasche geändert werden soll, gehen Sie bei der Festlegung, wie breit die Schnittmusterteile sein müssen, nach der folgenden Regel vor: Zu der gewünschten Breite noch 2 cm hinzurechnen, dies ist die Breite von Teil C (Seitenstreifen). Die Breite der einzelnen Teile B (Reißverschlussstreifen) = (die Breite von Teil C : 2) + 0,5 cm.

Versenkter Reißverschluss I (Alice)

Tipp: Wenn ein versenkter Reißverschluss in eine Tasche eingenäht werden soll, dann werden gleichzeitig zwei Teile für das Vorder- und das Rückenteil aus Innenstoff genäht.

- Wenn die ursprünglichen Vorder- und Rückteile x cm breit und y cm hoch sind, muss festgelegt werden, wie tief der Reißverschluss in der fertigen Tasche liegen soll, beispielsweise 3 cm.
- Zwei Teile mit den Maßen x cm x 4,75 cm [= 3 (so tief wird der Reißverschluss eingesetzt) + 1 (obere Naht) + 0,75 (Naht zum Einsetzen des Reißverschlusses)] zuschneiden.

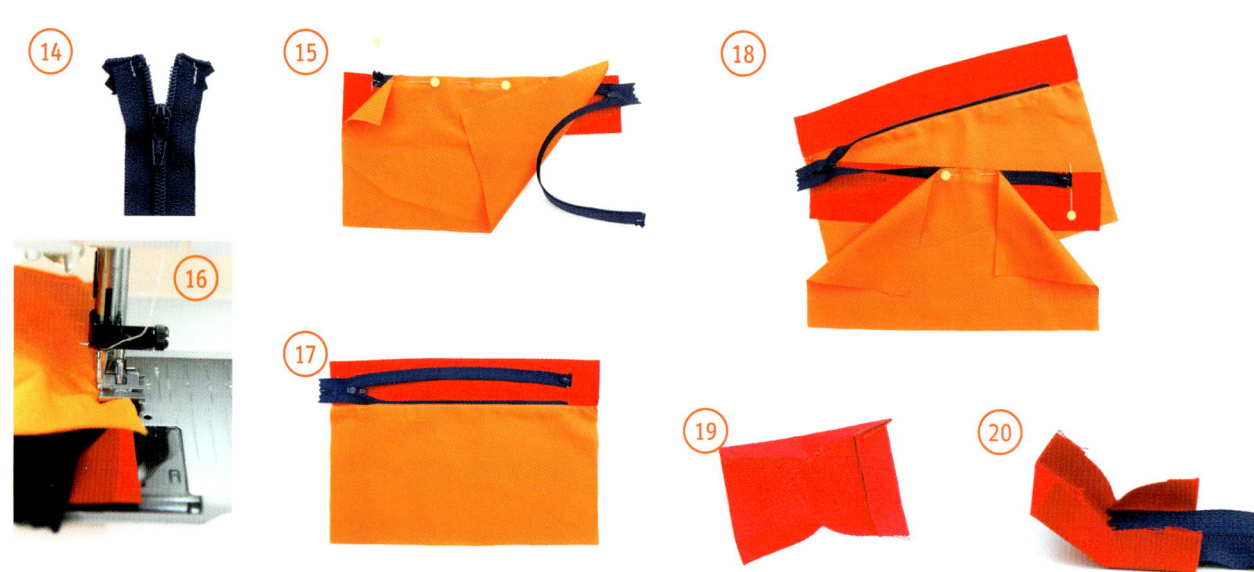

- Dies sind die oberen Teile von Vorder- und Rückenteil (aus Innenstoff).
- Zwei Teile mit den Maßen x cm x (y - (3+1)) + 0,75. Dies sind die unteren Teile von Vorder- und Rückenteil (aus Innenstoff).
- Beispiel Alice: Benötigt werden zwei Streifen C (Außenstoff) und zwei Streifen C' (Innenstoff) sowie das kleine Teil E (Außenstoff).
- ⑭ Die Reißverschlussenden (am Ende mit dem Schieber) um 90° umfalten und mit einem kleinen Stich sichern.
- Reißverschluss öffnen.
- ⑮ Ein Teil C mit der rechten Seite nach oben legen. Darauf kommt der Reißverschluss mit der rechten Seite nach unten. Der Anfang des Reißverschlusses liegt 3 cm von der Kante entfernt. Darauf kommt ein Teil C' mit der rechten Seite nach unten (C und C' liegen jetzt rechts auf rechts aufeinander mit dem Reißverschluss dazwischen). Die drei Lagen müssen oben bündig liegen. Mit Stecknadeln feststecken.
- ⑯ Mit dem Reißverschlussfuß die drei Lagen aufeinandersteppen (mit 0,75 cm Nahtzugabe) und 5 cm vor dem Ende stoppen. Die Nadel in den Stoff stecken und den Reißverschluss nach unten wegziehen (auf dem Foto nach links, weg von der zu steppenden Kante). Auf diese Weise ‚verschwindet' der Reißverschluss hier geradezu zwischen den zwei Stoffteilen.
- Die beiden Streifen weiter aneinandernähen. Der Reißverschluss befindet sich jetzt dazwischen.
- ⑰ Alles mit den rechten Seiten nach außen auffalten. So werden die Nähte nach unten gelegt. Den gesamten Streifen bügeln. Noch einmal unter dem Reißverschluss entlangnähen.
- ⑱ An der anderen Seite wiederholen. Die Lage der Stoffteile ist auf dem Foto erkennbar.
- ⑲ Das Ende des Reißverschlusses mit Teil E abdecken. Alle Ränder 1 cm nach innen bügeln. Zusammenlegen und flachbügeln.
- ⑳ Diesen ‚Stopper' an das Ende des Reißverschlusses steppen (falls erforderlich, den Reißverschluss auf die richtige Länge kürzen).
- ㉑ Der Reißverschluss ist jetzt zwischen den vier Streifen eingenäht. Dieses Teil wird später innen in die Tasche eingenäht.

Versenkter Reißverschluss II (Lena)

Diese Reißverschlusslösung sieht bei einer Tasche mit mehr Tiefe wie Lena richtig gut aus. Wenn der zu nähende Reißverschlussstreifen fertig ist, muss er ebenso breit sein wie das Schnittmuster vom Seitenstreifen der Tasche. Die Länge des Reißverschlussstreifens muss ebenso lang sein wie die Breite der fertigen Tasche.

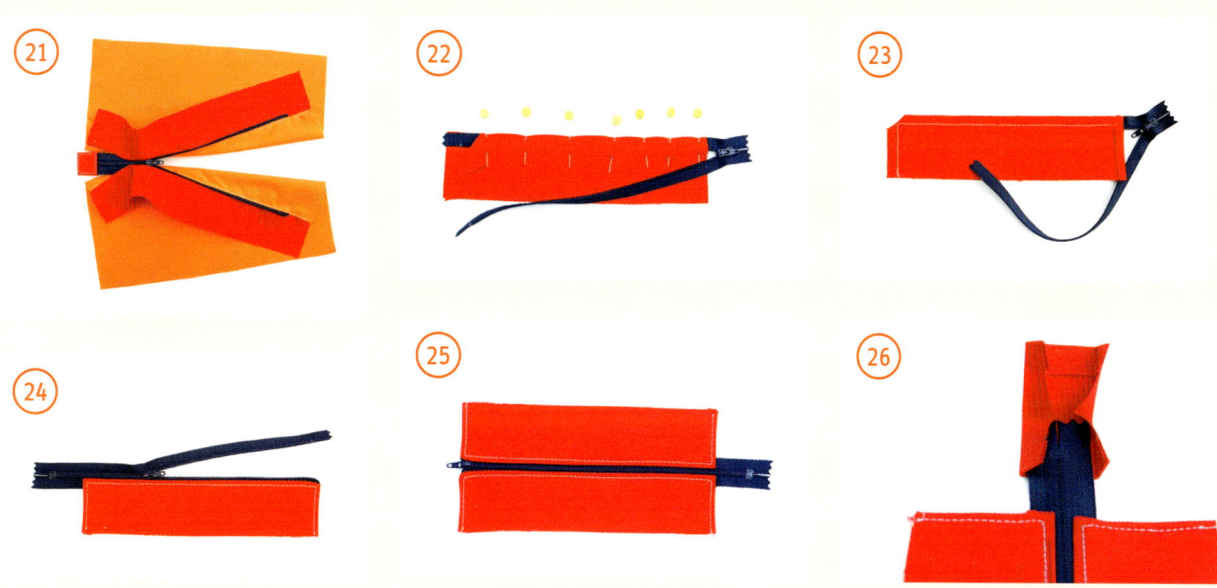

Hierzu sind vier Streifen erforderlich. Die Länge des Streifens (L) ist die Breite des Schnittmusters vom Vorderteil der Tasche. Der Streifen (B) ist halb so breit wie der Seitenstreifen der Tasche plus 0,5 cm. Im Fall von Lena werden die vier Teile E' (Innenstoff) verwendet, von denen zwei mit Vlieseline verstärkt werden.

Der Reißverschluss sollte 7 cm länger als Teil E' sein.

- Ein Teil E' mit der rechten Seite nach oben legen. Den Reißverschluss ganz öffnen und eine Kante des Reißverschlusses mit der rechten Seite nach oben darauflegen, sodass diese bündig auf der oberen Kante von Teil E' liegt. Der Stopper des Reißverschlusses aus Metall oder Kunststoff muss 1,2 cm von der linken Kante von Teil E' entfernt liegen.

- ㉒ Darauf ein anderes Teil E' mit der rechten Seite nach unten legen. Die drei Lagen (Teil E' – Reißverschlussteil E') mit Stecknadeln oben aneinander feststecken.

- Mit dem Reißverschlussfuß und einer Nahtzugabe von 1 cm die kurze Seite der zwei Teile E' (links) absteppen. 0,75 cm von der oberen Kante entfernt mit der Nadel im Stoff stoppen. Das ganze Teil um 90° drehen und an der oberen Kante (also durch den Reißverschluss) mit einer Nahtzugabe von 0,75 cm nähen. 1 cm vor dem Ende stoppen und mit Vor- und Rückstichen sichern. Siehe vorheriges Foto.

- ㉓ Links das Ende des Reißverschlusses abschneiden und die Ecken zurückschneiden. An der kurzen Seite, die noch nicht genäht ist, beide Teile E' 1 cm nach innen bügeln.

- Die Teile E' so wenden, dass die rechte Seite nach außen zeigt.

- Die gebügelten Falten des noch offenen, kurzen Endes nach innen falten und mit Stecknadeln feststecken (hier auf dem Foto links).

- ㉔ Jetzt die kurzen Enden und entlang des langen Stücks am Reißverschluss nähen. So wird auch das andere kurze Ende zugenäht.

- ㉕ Alle diese Schritte an der anderen Seite des Reißverschlusses und mit den beiden restlichen Teilen E wiederholen.

- ㉖ Jetzt eine Lasche am Reißverschlussende nähen. Hierzu nach der Anleitung beim versenkten Reißverschluss I (Seite 164) arbeiten.

- Wie ein solcher versenkter Reißverschluss in eine Tasche eingenäht wird, ist bei Lena auf Seite 87 erklärt.

Karabinerhaken - Schnalle
Siehe Anleitung für Leonie auf Seite 69.

Danke

Ein Buch schreibt sich nicht von alleine. Im Gegenteil, man muss auf entsetzlich Vieles achten. Ehrlich gesagt, hatten wir das unterschätzt, bevor wir mit dem Buch begonnen haben. Zum Glück bekamen wir jede Menge Hilfe: Hilfe, um die wir gebeten hatten, aber auch Hilfe, die spontan angeboten wurde, und sogar Hilfe von ganz unerwarteter Seite.

Deshalb danken wir:

Bart, Steven, Hendrik, Elisabeth, Anna, Lukas und Lukas, unseren Männern und Kindern, für die Geduld während der vergangenen Monate und für die Anpassung an unseren dichten Arbeitsplan, der nicht immer offensichtlich war.

Sara, Sophie und Nienke von der Uitgeverij Houtekiet für diese einmalige „Once-in-a-lifetime"-Gelegenheit und für das bedingungslose Vertrauen, das Ihr uns von der ersten Begegnung an geschenkt habt. Auf Unterstützung und Verständnis konnten wir bei Euch immer zählen.

Hanna, unserer kreativen Designerin: Was für eine Herausforderung für dich, das von uns gelieferte Material attraktiv und stimmungsvoll zu präsentieren. Wir hätten uns keinen besseren Partner bei diesem Projekt vorstellen können.

Ruud, unserem fantastischen Fotografen: Vom ersten Moment an wusstest du, was wir wollten. Du hast es verstanden, die Eigenheit jeder Tasche perfekt einzufangen, machtest die schönsten Detailfotos und dachtest so viel weiter als das vorbereitete Setting.

Heidi und Dirk von Van Rooy Mechelen für eure fachkundigen Ratschläge und Erläuterungen und das Ausleihen zweier herrlicher Nähmaschinen. Es war einfach großartig, unsere Projekte damit zu einem guten Abschluss bringen zu können.

Liesbeth und Anouk, den Eigentümerinnen von De Stoffenkamer bzw. Noeks, für die Bereitstellung der schönsten Stoffe und den besten Service.

Fournituren.nl für das Angebot eines Kartons voller Kurzwaren: ein entscheidendes Element, denn Taschen ohne Verschluss oder Verstärkung gibt es nicht.

Yasmine, Eigentümerin des herrlichen und stilvollen Designgeschäfts dijkdrie in Leuven/Löwen, dafür, dass du uns den Showroom als Location für den Fotoshoot zur Verfügung gestellt hast, und für das Vertrauen, das du uns dabei geschenkt hast. Und für die Verwendung der Möbel und Deko-Elemente, die die Taschen perfekt in Szene setzen.

Und zum Schluss, jedoch nicht zuletzt unseren Familien und Freunden und allen Followern unserer beiden Blogs für eure Unterstützung und ermunternden Worte während des gesamten Buchprozesses. Dieses Buch ist auch ein bisschen von Euch allen!

Sofie & Nathalie
elisanna.blogspot.be & fynnch.blogspot.be

Impressum

Titel der Originalausgabe:
Mijn Tas

Mijn Tas @ 2014 by Nathalie Charlier and Sofie Duron
Originally published by Uitgeverij Houtkiet, Antwerpen

Produktmanagement: Nina Armbruster
Übersetzung: Britta John
Lektorat: Wortographie, Julia Strohbach, Reutlingen
Satz: WS – WerbeService Linke, 76185 Karlsruhe
Druck und Bindung: GPS Group GmbH, Österreich

Materialangaben und Arbeitsweisen in diesem Buch wurden von den Autorinnen und den Mitarbeitern des Verlags sorgfältig geprüft. Eine Garantie wird jedoch nicht übernommen. Autorinnen und Verlag können für eventuell auftretende Fehler oder Schäden nicht haftbar gemacht werden. Das Werk und die darin gezeigten Modelle sind urheberrechtlich geschützt. Die Vervielfältigung und Verbreitung ist, außer für private, nicht kommerzielle Zwecke, untersagt und wird zivil- und strafrechtlich verfolgt. Dies gilt insbesondere für die Verbreitung des Werkes durch Fotokopien, Film, Funk und Fernsehen, elektronische Medien und Internet sowie für eine gewerbliche Nutzung der gezeigten Modelle. Bei Verwendung im Unterricht und in Kursen ist auf dieses Buch hinzuweisen.

© der deutschen Ausgabe 2015 frechverlag GmbH, 70499 Stuttgart

1. Auflage 2015

ISBN 978-3-7724-7919-7
Best.-Nr. 7919